同步译注图文版

易 经

李阳泉 主编

民主与建设出版社
·北京·

©民主与建设出版社，2024

图书在版编目（CIP）数据

同步译注图文版易经 / 李阳泉主编 . —北京：民主与建设出版社，2024.4
ISBN 978-7-5139-4546-2

Ⅰ.①同… Ⅱ.①李… Ⅲ.①《周易》—译文②《周易》—注释 Ⅳ.① B221

中国国家版本馆 CIP 数据核字（2024）第 059507 号

同步译注图文版易经
TONGBU YIZHU TUWENBAN YIJING

主　　编	李阳泉
责任编辑	金　弦
出版发行	民主与建设出版社有限责任公司
电　　话	（010）59417747　59419778
社　　址	北京市海淀区西三环中路 10 号望海楼 E 座 7 层
邮　　编	100142
印　　刷	三河市悦鑫印务有限公司
版　　次	2024 年 4 月第 1 版
印　　次	2024 年 4 月第 1 次印刷
开　　本	880 毫米 × 1230 毫米　1/32
印　　张	7
字　　数	170 千字
书　　号	ISBN 978-7-5139-4546-2
定　　价	39.90 元

注：如有印、装质量问题，请与出版社联系。

目 录

导言 ·· 1

  一、易经的构成 ············ 1　　三、卦辞与爻辞 ············ 2
  二、八卦与六十四卦 ········ 1

上经 ·· 3

一	乾卦 ············ 3	十四	大有卦 ············ 58
二	坤卦 ············ 13	十五	谦卦 ············ 61
三	屯卦 ············ 18	十六	豫卦 ············ 64
四	蒙卦 ············ 21	十七	随卦 ············ 68
五	需卦 ············ 25	十八	蛊卦 ············ 71
六	讼卦 ············ 29	十九	临卦 ············ 74
七	师卦 ············ 33	二十	观卦 ············ 77
八	比卦 ············ 36	二十一	噬嗑卦 ············ 80
九	小畜卦 ············ 39	二十二	贲卦 ············ 83
十	履卦 ············ 43	二十三	剥卦 ············ 86
十一	泰卦 ············ 47	二十四	复卦 ············ 89
十二	否卦 ············ 51	二十五	无妄卦 ············ 92
十三	同人卦 ············ 54	二十六	大畜卦 ············ 95

| 二十七　颐卦……………98 | 二十九　坎卦……………104 |
| 二十八　大过卦……………101 | 三十　离卦……………107 |

下经……………………………………110

三十一　咸卦……………110	四十八　井卦……………165
三十二　恒卦……………113	四十九　革卦……………168
三十三　遁卦……………116	五十　鼎卦……………172
三十四　大壮卦……………119	五十一　震卦……………175
三十五　晋卦……………122	五十二　艮卦……………179
三十六　明夷卦……………125	五十三　渐卦……………182
三十七　家人卦……………128	五十四　归妹卦……………185
三十八　睽卦……………132	五十五　丰卦……………189
三十九　蹇卦……………136	五十六　旅卦……………193
四十　解卦……………139	五十七　巽卦……………196
四十一　损卦……………142	五十八　兑卦……………199
四十二　益卦……………145	五十九　涣卦……………202
四十三　夬卦……………148	六十　节卦……………205
四十四　姤卦……………152	六十一　中孚卦……………208
四十五　萃卦……………155	六十二　小过卦……………211
四十六　升卦……………158	六十三　既济卦……………214
四十七　困卦……………161	六十四　未济卦……………217

后记……………………………………………220

导 言

一、易经的构成

八卦相传为伏羲所创，周文王将其演化为六十四卦，三百八十四爻，构成《易经》。八卦源于"河图"、"洛书"。相传龙马从黄河里出来，背着一幅图，伏羲照着描了下来，创制八卦，这幅图就是"河图"。讲五行的《洪范》，相传是大禹从洛水中一只神龟的背上所得，这就是"洛书"。

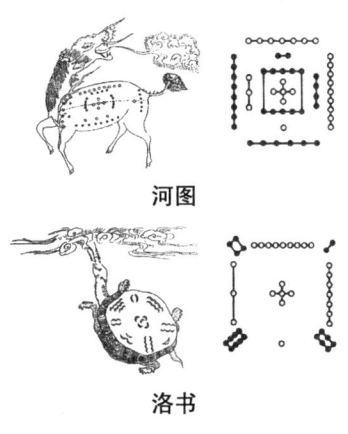

河图

洛书

《易经》分为《上经》和《下经》，其中《上经》三十卦，《下经》三十四卦。每一卦都由六个爻组成，所以六十四卦可衍生出三百八十四爻，而卦辞和爻辞分别是对卦和爻内容的描述。

《彖》是对六十四卦卦辞的解释，彖辞让本来只有预测意义的卦辞有了各自的哲理。《象》是根据卦爻的象对卦爻进行解释。"象辞"分为"大象"和"小象"，解释卦的为"大象"，解释爻的为"小象"。《文言》是对乾、坤两卦阐述的深奥论文，位于乾、坤两卦的卦、爻、彖、象辞之后。《系辞》位于六十四卦之后，相当于对六十四卦总体的感悟与论理。《说卦》是对八个基本卦所代表的不同事物进行描述，同时解释了为什么六十四卦中的每一卦都有六爻。

二、八卦与六十四卦

易有两极，是生两仪，两仪生四象，四象生八卦。八卦分别是：乾（qián）、坎（kǎn）、艮（gèn）、震（zhèn）、巽（xùn）、离（lí）、

坤（kūn）、兑（duì）。

八卦中，每一卦都代表不同的事物。乾卦代表天，坤卦代表地，离卦代表太阳，坎卦代表月亮，这四样事物在宇宙间不停地运转，产生了雷。雷的震动带动了气流的形成，于是就形成了风。震卦代表雷，巽卦代表风，艮卦代表高山，兑卦代表河流。此外，八卦中每一卦都有自己的符号，这些符号都是由"--"或"—"构成的，"--"为阴，"—"为阳。

八卦图

八卦相互组合形成六十四卦，比如坤卦与坎卦相结合组成师卦，巽卦与乾卦相结合组成小畜卦。

由最基本的八卦分出六十四卦后，在六十四卦下又分出六爻，六十四卦共有三百八十四爻，是组成六十四卦的阴阳符号。

三、卦辞与爻辞

卦辞、爻辞都是判断吉凶的断语。六十四卦中每一卦都有卦辞，且后面都有其释意，卦辞是揭示每一卦总的含义，比如乾卦后面的"元亨利贞"就是卦辞。

卦由六爻组成，爻辞是对每爻的释意，其每爻所表达的意思也不相同。爻中"—"为阳，"--"为阴。阳爻都称"九"，阴爻都称"六"。六爻中的第一爻是排在最下面的一个爻，称为"初爻"，然后往上数依次为二、三、四、五爻，最后一爻也就是第六爻，是最上面的一爻，称为"上爻"。

五行相生相克图

上经

一 乾卦
（下乾上乾）

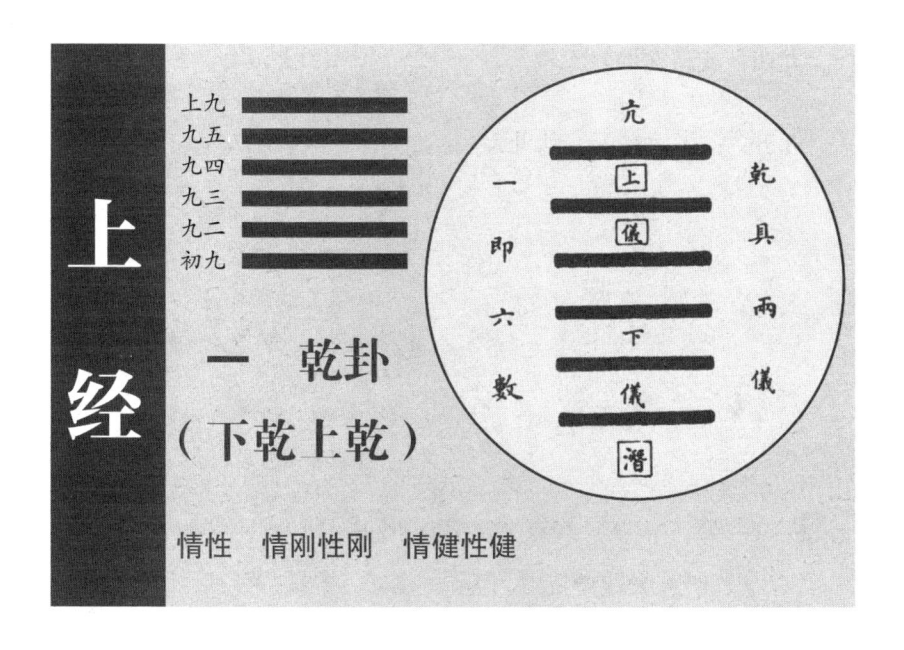

情性　情刚性刚　情健性健

原文

《乾》❶：元，亨，利，贞❷。

初九❸：潜龙❹，勿用。

九二：见❺龙在田，利见大人。

九三：君子终日乾乾，夕惕若，厉，无咎。

译文

《乾》卦的意义包含了元始、亨通、利和、贞正四个方面（提示事物在"阳生"之时，如日出、种子破土、求学、参加工作等的流变选择）。

（筮得）初九爻，象征水中之龙初生（腿和翅膀等还未长成），不能急于走或飞。

九二爻，龙出现在大地上，利于贵人出现。

九三爻，（龙也许已经小有所成，但仍然要）像君子一样永远以天为榜样，勤奋不已，警惕不已，这样即使遇到险境，也能平安无事。

九四：或跃在渊，无咎。

九五❻：飞龙在天，利见大人。

上九：亢龙，有悔。

用九❼：见群龙无首，吉。

九四爻，龙能在地上水中，出入无碍。

九五爻，龙飞上天空（到了收获的季节、至尊之位、全盛时期），利于贵人出现，帮助能够大展宏图。

上九爻，龙飞得太高了（到达极限，再过则会招来灾祸），会导致悔恨。

用九，带着群龙一起飞，但并不以首领自居，大吉。

原文

《象》❽曰：大哉乾元❾，万物资始❿，乃统天。

云行雨施，品物流形。

大明⓫终始，六位⓬时成，时乘六龙⓭以御天。

乾道变化，各正性命。保合大和，乃"利贞"。

首出庶物，万国咸宁。

译文

《象辞》说：伟大啊！乾阳元气，世间万物从它那里获得演变的初始条件，因而能够预示大自然的一切变化。

云的流动，雨的下降，万物的繁衍，从此成形。

它就像太阳一样终而复始，时时在确定上、下、东、西、南、北六个方位（的价值），显现"六龙"（潜龙至亢龙）的成长环节，须与天道合拍。

这种变化，可保持万物的和谐协调，是最佳的正道。

每种生物在生长的过程中如果都遵从这个规律，天下就一片祥和。

原文

《象》曰：天行健，君子以自强不息。

"潜龙勿用"，阳在下也。

"见龙在田"，德施普也。

"终日乾乾"，反复道也。

"或跃在渊"，进"无咎"也。

"飞龙在天"，"大人"造也。

"亢龙有悔"，盈不可久也。

"用九"，天德不可为首也。

译文

《象辞》说：天道运行周而复始，永不停息，君子以天为法，战胜自我，永远向上。

（初九爻）"水中之龙初生，不要急于飞"，因为这时阳气还很弱小。

（九二爻）"龙到了大地上"，靠着"阳光雨露"生长。

（九三爻）"君子永远以天为榜样"，学习不停积累功力的"反复"之道。

（九四爻）"能出入地上水中"，表示已打好了飞的基础，（飞起来）不会有什么灾祸。

（九五爻）"龙飞上了天空"，靠的是贵人的帮助。

（上九爻）"龙高高在上有所悔悟"，是认识到了满盈不可长久的道理。

"掌握了乾卦"，明白了天德，就不会以首领自居了。

注释 ❶《乾》：卦名，其卦象（☰）下卦、上卦皆乾（☰）。《易经》六十四卦的卦象皆由八卦担当的上卦、下卦相叠而成，上为用，下为体。❷元，亨，利，贞：是解释《乾》卦的卦辞。《易经》六十四卦每个卦都有对应的解释，也即卦辞，旧说其作者是周文王。❸初九：爻题，即爻名。六十四卦各由六个爻组成，六爻之位自下而上，名曰：初、二、三、四、五、上。本爻居卦下第一位，故称"初"。奇数为阳，"九"为阳数之极，凡阳爻就称"九"，卦画符号为"—"（与之相对应，偶数为阴，"六"居阴数之正中，凡阴爻就称"六"，卦画符号为"――"）。❹潜龙：李鼎祚《周易集解》引马融曰："物莫大于龙，故借龙以喻天之阳气也。初九建子之月（阴历十一月），阳气始动于黄昏（地下），既未萌芽，就是潜伏，故曰潜龙也。"❺见：通"现"。❻九五：《周易集解》引郑玄曰："五于三才为天道，天者清明无形而在焉，飞之象也。"❼用九："用九"即用阳：如何认识和掌握乾卦的流变。六爻皆九，表示全阳爻将尽变为阴爻：坤卦。吉，乾为首，易招物忌，变坤则无首，无首则能以柔济刚，故吉。懂得了"变"是不以人的意志为转移的，就能打提前量，掌握主动。❽《彖》(tuàn)：彖，本义是一种能咬断铁器的动物。孔颖达《周易正义》："彖，断也，断定一卦之义，所以名为彖也。"《彖辞》是解释卦辞的辞，旧说其作者是孔子。❾乾元：阳之元气，生命的本源。❿资始：资，凭借、依赖。始，初始。⓫大明：光明，太阳，因属天上最光明之物，故称"大明"。⓬六位：上下和东西南北四方，亦指《乾》卦六爻。⓭六龙：亦喻《乾》卦六爻。此句紧承前句之义，说明六爻的变动犹如六龙按时御天。

原文

《文言》❶曰："元"者，善之长❷也；"亨"者，嘉❸之会也；"利"者，义之和❹也；"贞"者，事之干❺也。

君子体仁❻足以长人，嘉会足以合礼，利物❼足以和义，贞固足以干事。

君子行此四德者，故曰："乾：元、亨、利、贞。"

初九曰："潜龙勿用。"何谓也？

子曰："龙，德而隐者也。

不易乎世，不成乎名。

遁世无闷，不见是而无闷；乐

译文

《文言》说：《乾》卦中所谓的"元"，是众善之首；"亨"，是美好事物的汇集；"利"，是道义的和谐；"贞"，是事业的基干。

君子以仁善之心为立身之本，就能做领导者；多表现美感，就能合乎礼仪的要求；利人利物，就符合道义的准则；坚定纯正，就能干成大事。

君子以此四德为行动标准，就称为："乾：元始，亨通，利和，贞正。"

初九爻辞说："水中之龙初生，不要急于飞。"这是什么意思呢？

夫子说："这是比喻有龙的美德而隐居的人。

他不因世俗的好恶而改变自己的节操，不想要虚名。

甘心隐居而不觉苦闷，不被

则行之，忧则违之，确乎其不可拔，潜龙也。"

九二曰："见龙在田，利见大人。"何谓也？

子曰："龙，德而正中者也。

庸言之信，庸行之谨；闲邪存其诚，善世而不伐，德博而化。

《易》曰：'见龙在田，利见大人。'君德也。"

九三曰："君子终日乾乾，夕惕若，厉，无咎。"何谓也？

子曰："君子进德修业。忠信，所以进德也；修辞立其诚，所以居业也。

知至至之，可与言几也；知终终之，可与存义也。

是故居上位而不骄，在下位而

赏识亦不觉郁闷，高兴就做，不高兴就避开。坚定而不可动摇，这就是潜伏的龙。"

九二爻辞说："龙出现在大地上，应寻求贵人的帮助。"这是什么意思呢？

夫子说："这里所说的'龙'，是指有才德而秉性中正的人。

日常言论见其信用，日常行为见其严谨，内心一直摒弃邪恶而存养诚实，行善于世而不夸耀，德行博大而能感化人心。

《易经》上说：'龙出现在大地上，利于贵人的出现。'就是指的这样一种君德。"

九三爻辞说："像君子一样永远以天为榜样，勤奋不已，警惕不已，这样即使遇到险境，也能平安无事。"这是什么意思呢？

夫子说："这里说的君子，也就是能够不断精进自己的品德、累积自己的善行的人。他为人忠诚而守信用，故而品德不断精进；他经常考虑自己的言辞，言行如一，故而与善同在。

他知道最高境界并努力去追求，不明白的问题可以与他讨论；他知道最后结果并提前做出选择，可以与他一起保持行为的符合道义。

这样，处于尊贵的地位而不

上经　乾卦

不忧。

　　故乾乾因其时而惕，虽危无咎矣。"

　　九四曰："或跃在渊，无咎。"何谓也？

　　子曰："上下无常，非为邪也；进退无恒，非离群也。

　　君子进德修业，欲及时也，故无咎。"

　　九五曰："飞龙在天，利见大人。"何谓也？

　　子曰："同声相应，同气相求。

　　水流湿，火就燥。

　　云从龙，风从虎，圣人作而万物睹。

　　本乎天者亲上，本乎地者亲下，则各从其类也。"

骄傲，居于卑微的地位而不忧愁。

如此不停努力，时时处处警惕，即使遇到危险，也不会有什么损害。"

　　九四爻辞说："龙能在地上水中，出入无碍。"这是什么意思呢？

　　夫子说："这是比喻一个人有时身居高位，有时跌入低谷，本来就是变动无常的，并不是他干了什么错事；有时顺利而前进，有时不顺利而后退，本来就是应时变化的，并不是他离群索居的问题。

　　君子精进自己的品德、累积自己的善行，与时俱进，才不会有什么灾祸。"

　　九五爻辞说："龙能飞上天空了，利于贵人出现，帮助能够大展宏图。"这是什么意思呢？

　　夫子说："声调相同，相互间就容易产生共鸣；气味相近，相互间就会吸引对方。

　　水总是往低洼之处流去，火总是从干燥之物烧起。

　　云总伴随着龙，风总伴随着虎。圣人出现，万民亲附。

　　这好比以天为本的生物就向上长高，以地为本的生物就向下扎根。这些就是人以群分、物以类聚的道理。"

上九曰:"亢龙有悔。"何谓也?

子曰:"贵而无位,高而无民,贤人在下位而无辅,是以动而有悔也。"

"潜龙勿用",下也。

"见龙在田",时舍也。

"终日乾乾",行事也。

"或跃在渊",自试也。

"飞龙在天",上治也。

"亢龙有悔",穷之灾也。

乾元"用九",天下治也。

"潜龙勿用",阳气潜藏。

"见龙在田",天下文明。

"终日乾乾",与时偕行。

"或跃在渊",乾道乃革。

上九爻辞说:"龙飞得太高了,有悔悟。"这是什么意思呢?

夫子说:"这是比喻身份尊贵而没有根基,地位崇高而没有百姓,真正有才德的人也在远远的下面,不来辅佐他。这样,他什么也干不成,所以有所悔悟。"

(小结1)"水中之龙初生,不要急于飞",是能力还不够。

"龙出现在大地上",是时机开始来到。

"永远以天为榜样",表示应当如此要求自己的行动。

"出入地上水中",是在试验自己的本事,各方面锻炼自己。

"龙飞上天空",是比喻君子获得最高地位而治国治民。

"龙飞得太高了,有悔悟",是盛极而衰的必然。

如能掌握"阳"之变,天下就可以得到治理了。

(小结2)"水中之龙初生,不要急于飞",是阳气还潜藏在下面。

"龙出现在大地上",说明阳气上升,草木葱郁,天放光明。

"永远以天为榜样",指出阳气正在不断上升,万物逐渐成长,顺应天道,适时奋发。

"出入地上水中",阳气已有了质的转变。

上经 乾卦

"飞龙在天",乃位乎天德。

"亢龙有悔",与时偕极。

乾元"用九",乃见天则。

《乾》"元"者,始而亨者也。

"利贞"者,性情也。乾始能以美利利天下,不言所利,大矣哉!大哉乾乎,刚健中正,纯粹精也。

六爻发挥,旁通情也。

时乘六龙,以御天也。云行雨施,天下平也。

君子以成德为行,日可见之行也。

"潜"之为言也,隐而未见,行而未成,是以君子"弗用"也。

君子学以聚之,问以辩之,宽以居之,仁以行之。

"龙飞上天空",意味着一个循环周期的完成。

"龙飞得太高了,有悔悟",象征阳气上升到极限,物极必反。

掌握"阳"之变,实际上顺应的是自然的规律。

(总的来说,)所谓《乾》卦的元、亨,是指天创万物,生命开始生长。

所谓利、贞,是指天(对万物一视同仁给予阳光雨露)的德行。乾为天,只有天才具有这种美德,利益施予天下,而不求回报,真是太伟大了。伟大的上天,刚健、无偏爱、行正道,至精至纯。

《乾》卦的六爻都显示出这种精神,它能与天地之间万事万物的情理相通。

时时以"六爻"来修正自己的行为,什么变化都可以应对,就像天降阳光雨露,到处一片平和,生机盎然。

君子以成就德业为行为之目的,而且每天落实在行动上。

"潜"的含义指发展的方向(才华)还没有看清,修炼还没有达到效果,所以君子"勿用"。

君子通过学习以积累知识,通过讨论来明辨事理;以宽厚的态度来包容周围的一切,以仁爱之心来待人接物。

《易》曰:"见龙在田,利见大人。"君德也。

九三重刚而不中,上不在天,下不在田,故"乾乾"因其时而"惕",虽危"无咎"矣。

九四重刚而不中,上不在天,下不在田,中不在人,故"或"之。

或之者,疑之也,故"无咎"。

夫"大人"者与天地合其德,与日月合其明,与四时合其序,与神鬼合其吉凶。

先天而天弗违,后天而奉天时。

天且弗违,而况于人乎?况于鬼神乎?

"亢"之为言也,知进而不知退,知存而不知亡,知得而不知丧。其唯圣人乎!

知进退存亡而不失其正者,其唯圣人乎!

《易经》的九二爻说"龙出现在大地上,利于贵人的出现",就是这样一种君德。

九三爻刚中有刚,又不居中,上不沾天,下不着地。故需不停努力,时时处处警惕,这样即使遇到危险,也不会有什么损害。

九四爻也是刚中有刚,又不居中,上不沾天,下不着地,中不在人群,所以爻辞指出了存在"或许"的多种可能性。

"或许",表示谨慎分析,所以无祸灾。

九五爻所谓"大人",追求的是顺应天德,效仿日月之光普照四方,像春夏秋冬一样井然有序,判断吉凶的准确性如同鬼神。

做没有先例的事,就参照天德;做有先例的事,也还要因时制宜。

既然能照应天德之变,又何况人事之变呢?又何况乎鬼神之变呢?

上九爻中的"亢",意思是说只懂进攻而不懂退却,只懂生发而不懂衰落,只知获取而不懂放弃,能称得上圣人吗?

懂得当进则进、当退则退、当保则保、当弃则弃而又能坚持正道,就当然是圣人了!

注释 ①《文言》：文者，饰也。《文言》即文饰之言，又称《文言传》，为乾卦和坤卦所独有。②长：首。③嘉：美也。④和：相应。⑤干：根本。⑥体仁：以仁为体，立身处世的出发点。⑦利物：对人对物有利。

乾坤六子图

乾下交坤　乾下交坤　乾下交坤

成震长男　成坎中男　成艮少男
○○○一索　○○○再索　○○○三索

坤上交乾　坤上交乾　坤上交乾

成巽长女　成离中女　成兑少女
○○○一索　○○○再索　○○○三索

上六 ▬▬ ▬▬
六五 ▬▬ ▬▬
六四 ▬▬ ▬▬
六三 ▬▬ ▬▬
六二 ▬▬ ▬▬
初六 ▬▬ ▬▬

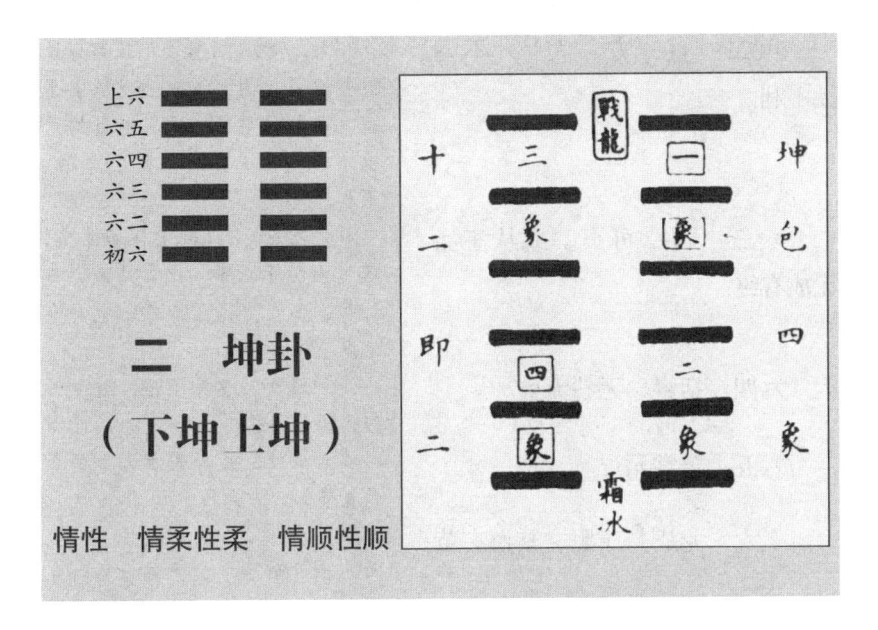

二 坤卦
（下坤上坤）

情性　情柔性柔　情顺性顺

原文

《坤》❶：元亨❷，利牝马之贞❸。

君子有攸❹往，先迷后得主❺，利。

西南得朋，东北丧朋❻。安贞❼，吉。

初六：履霜，坚冰至。

译文

《坤》卦象征大地纯阴至顺，元始亨通，可比为牝马之选择正道。

君子投奔"领路人"，一开始找错了地方，后来终于找到了，这样对双方都有利。

就像牝马先开始往西南方向去，虽能找到同类，但非领路的头马，后来离开了同类，到了东北方向，终于找到了头马，这样一心向着正道，当然吉利。

（筮得）初六爻，象征踏到霜花（感觉阴气始发），接下去就会越来越寒冷，一直到坚冰出现。

上经　坤卦

六二：直、方、大❽，不习，无不利。

六三：含章可贞。或从王事，无成有终。

六四：括囊，无咎无誉。

六五：黄裳元吉。

上六：龙战❾于野，其血玄黄。

用六：利永贞。

六二爻，（大地上的道路以及被坚冰覆盖的河流湖泊变得）平直、规整、宽广，没有走过的路也不会遇上（什么陷阱之类的）不利之灾。

六三爻，（此时）怀着才华，尽可大胆干正事，比如从政、打仗等，哪怕立不了大功，也会有个好结局。

六四爻，收敛不语，避免过失，不贪荣誉。

六五爻，穿着表示谦下的黄色裙裳，大吉大利。

上六爻，（牝马不知谦退，与）龙在野地大战，鲜血染红了天空大地。

用六（懂了坤阴进退之必然），能保持事物永远向有利的一面转化。

原文

《象》曰：至哉坤"元"，万物资生，乃顺承天。

坤厚载物，德合无疆。

含弘光大，品物咸"亨"。

"牝马"地类，行地无疆，柔顺"利贞"。

"君子"攸行，"先迷"失道，"后"顺"得"常。

译文

《象辞》说，坤阴元气恰到好处起来了，万物都受到了滋养，这是对天意的顺承。

深厚的大地，载育着万物，大地美德，广阔无边。

在大地怀抱之中，万物茁壮成长、各得其所。

牝马与大地同类，能任重致远、驰骋不息，而且柔顺，所以能顺利地走在正道上。

君子有所求，先找错了方向，后来心态和方向顺过来，就回归了正常。

"西南得朋"，乃与类行；"东北丧朋"，乃终有庆。"安贞"之"吉"，应地无疆。

就像牝马往西南方向找到的同行者，只是同类的阴性，离开同类，往东北方向走，终于找到了要找的"头马"，值得庆幸。一心向着正道，当然吉利，这应合了大地的无边之德，前途一片光明。

注释 ❶《坤》：卦名，两个坤相叠，六画都是阴爻，象征地。代表纯阴柔顺以及相关的人伦义理概念。❷元亨：与《乾》卦的"元亨"义同，乾元是一阳起，坤元是一阴起。亨，通。❸利牝马之贞：牝（pìn），雌性的动物。因为是阴，故称雌马。"贞"，正也，指守持正道。❹攸：所。❺主：主人。❻西南得朋，东北丧朋：西南方位属阴，东北方向属阳，牝马往西南方向找到同类，往东北方向时远离同类。❼安贞：安，平安。贞，正道。❽直、方、大：比喻大地的形势。❾龙战：指阴阳交战。

原文

《象》曰：地势坤❶，君子以厚德载物。

"履霜坚冰"，阴始凝也；驯致❷其道❸，至"坚冰"也。

"六二"之动❹，"直"以"方"也❺；"不习无不利"，地道光也。

"含章可贞"❻，以时发也；"或从王事"，知光大也。

"括囊无咎"，慎不害也。

译文

《象辞》说：大地博大无边，君子效法大地，以宽厚的德行接纳万物。

（初六爻）"踩到霜花然后坚冰"，昭示阴气会越踩越多；这是接受自然之必然，一直到坚冰（阴气发挥作用）。

"六二爻"时的行动，是取法于大地的平直且规整，"没有经历过的事也不会带来不利的结果"，这正显示了大地之德无所不在的佑护。

（六三爻）"怀着才华，尽可大胆干正事"，因为展现自己的时机到了。"或从政或从军等"，人的所学和潜能都能得到发挥。

（六四爻）"收敛不语，避免过失"，是表示谦虚谨慎行事，才

"黄裳元吉"，文在中也。

"龙战于野"，其道穷也。

"用六永贞"，以大终也。

原文

《文言》曰：坤至柔而动也刚，至静而德方。

"后得主"而有常，含万物而化光。

坤道其顺乎，承天而时行。

积善之家，必有余庆；积不善之家，必有余殃。

臣弑其君，子弑其父，非一朝一夕之故，其所由来者渐矣！由辨之不早辩也。

《易》曰："履霜，坚冰至。"盖言顺也。

"直"其正也，"方"其义也。

君子敬以直内，义以方外，敬义立而德不孤。

译文

不会出现灾害。

（六五爻）"穿着黄色裙裳，大吉大利"，是因为这种颜色，表现了内在之美。

（上六爻）"（与）龙在野地大战"，表示阴盛不退，到了穷途末路。

"用六，就能保持事物永远向有利的一面转化"，这样才是最终的循环。

《文言》说：《坤》卦像大地一样，本性极为柔顺，但在运动中却显得相当刚强，外表极为宁静，但内在的美德却方正不移。

只要找到了"领路人"，就走上了常道；涵纳万物，使之光大。

坤之品格就是柔顺，仰承天意而在四季中发挥作用。

长期做好事的人家，必有绵绵的福惠；总是做坏事的人家，必有不尽的灾祸。

臣下谋杀君王，儿子残害父亲，都不是一朝一夕的变故，原因有一个逐渐发展的过程，第一个起因是没有察觉到应该早做好事。

《易经》上说"踏到霜花，（慢慢就有）坚冰出现"，正好说的就是这个渐变过程。

"直"指向修炼正直的品格，"方"指向遵循道义的行为。

君子怀着认真的态度进行内在正直品格的修炼，怀着道义之心保

"直方大，不习，无不利"，则不疑其所行也。

阴虽有美，"含"之以"从王事"，弗敢成也。

地道也，妻道也，臣道也。

地道"无成"而代"有终"也。

天地变化，草木蕃；天地闭，贤人隐。

《易》曰："括囊，无咎无誉。"盖言谨也。

君子"黄"中通理，正位居体，美在其中，而畅于四支，发于事业，美之至也！

阴疑于阳必"战"，为其嫌于无阳也，故称"龙"焉。

犹未离其类也，故称"血"焉。

夫"玄黄"者，天地之杂也，天玄而地黄。

持外在行为的方正。认真和道义一旦确定，其德行就会得到众人的信任和响应。

"平直、规整、宽广，没有走过的路也不会遇上不利之灾"，原因就在于对其德行的毫不怀疑。

"阴"虽然有值得赞美的地方，（但做臣下的只能）怀着这种才华为王服务，（事毕）不能揽功摆谱。

这是大地之道，为妻之道，为臣之道。

大地之道功成不居，只是彰显那循环不已的天德。

天地顾变应化，使得草木茂盛，生机勃勃；天地昏暗闭塞，贤人隐退。

《易经》上说，"收敛不语，避免过失，不贪荣誉"，说的就是谨慎（看待形势）。

君子甘着黄裙，选中和之色，这是通达事理，位子坐得正而得体。这种内在的美质，可以畅通于四肢（表现为礼仪美），发展于其事业，这才是美的最高境界！

阴气旺盛到要盖过阳气，必然会大战一场。它自以为阳气已不存在，可以取代龙。

但阴气虽盛毕竟是阴，故爻辞特意点出其颜色"血"。

所谓玄黄，是指天地的颜色（暂时）混而不分，但终归天为青色、地为黄色。

注释 ❶坤：顺，接纳。❷驯致：顺从。❸道：自然之道。❹动：行动。❺直、方：这里的"直"和"方"都是指人的行为。❻贞：正。

上六
九五
六四
六三
六二
初九

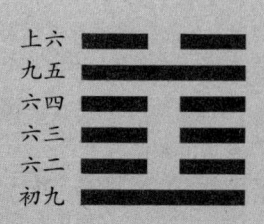

☳ 屯卦
（下震上坎）

情性　情刚性刚　情险性动

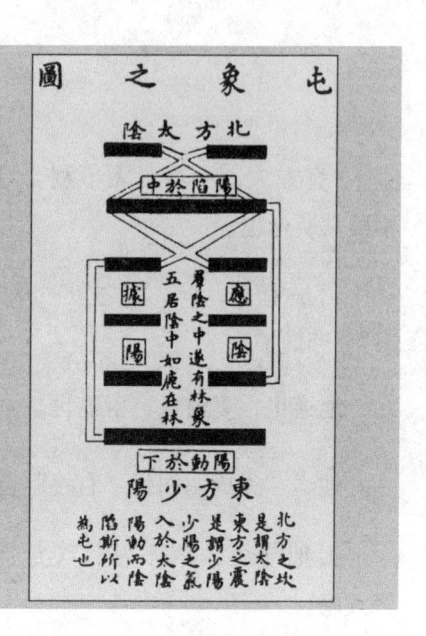

原文

《屯》❶：元亨，利贞❷；勿用有攸往❸，利建侯。

初九：磐桓❹，利居贞❺，利建侯。

六二：屯如邅如❻，乘马班如❼。匪寇婚媾，女子贞不字❽，十年乃字。

六三：即鹿❾无虞，惟入于林中，君子几，不如舍，往吝。

译文

《屯》卦象征物之初生，元始，亨通，利于选择道路。此时不要急于得到最后结果，多注意加强自身的力量。

初九爻，昭示出头的日子还没到，还有诸多波折，此时需坚守正道，仍然以加强自身的力量为主。

六二爻，徘徊难进，骑上快马却只能在原地转圈。虽然不是当强盗，而是来求婚，但那女孩子却坚持不嫁，需要再等十年。

六三爻，追逐野鹿，没有虞人帮忙，稍一迟缓野鹿就逃入深林不知处。这时明智的君子，与六四：乘马班如，求婚媾，往吉，无不利。

九五：屯其膏，小贞吉，大贞凶。

上六：乘马班如，泣血涟如。

其穷追下去，不如舍弃而回头，因为穷追下去只有徒生悔意。

六四爻，乘马欲进又退，想去求婚，这次去将会吉祥顺利。

九五爻，聚敛财富，自己少得一点可求吉利，大量囤积，则有凶险。

上六爻，乘马欲进又退，哭得血泪如雨。

注释 ❶《屯》(tún)：卦名，下震（☳）上坎（☵），本义指草木穿过地面长出，也有释为春禾、椿者。象征初生或盈塞。震，代表雷。坎，代表雨。雷雨并作，环境险恶。❷元亨，利贞：参见《乾》卦注。❸攸(yōu)：所也。亦有艰难之义。❹磐桓：磐是大石，桓是一种树，大石压在树之上，表示前进困难，徘徊不前。❺居贞：居，居处。贞，正。❻屯如邅如：屯，聚积。邅(zhān)，难于行走的样子。❼如：语气词，无实义。❽字：女人出嫁，古代叫作字人。《礼记·曲礼上》："女子许嫁笄而字。"❾即鹿：即，就、近。即鹿就是逐鹿、猎鹿。

原文

《彖》曰：《屯》，刚柔始交❶而难生。动乎险中，大亨贞❷。

雷雨之动满盈，天造草昧❸，宜建侯而不宁。

译文

《彖辞》说：《屯》卦象征着刚健与柔顺开始交合而艰难地创造新的生命。虽然前进中时刻伴随着危险，但却是非常亨通的正道。

好比雷雨交加，大水涌动，好比天地之初，原始混沌，这时应加强自身的力量而不是享受太平。

注释 ❶刚柔始交：这是以《屯》卦的卦象为说的。屯由震下坎上相叠组成。震为雷，坎为雨，雷雨并作，意味着阴阳相交，所以说"刚柔始交"。❷亨贞：亨，通。贞，正。❸草昧：草，草创。昧，冥昧，鸿蒙。

原文

《象》曰：云雷屯❶，君子以经纶❷。

虽"磐桓"，志行正也。以贵下贱❸，大得民也。

"六二"之难，乘刚也❹。"十年乃字"，反常也。

"即鹿无虞"，以从禽也。君子舍之，"往吝"穷也。

求而往，明也。

"屯其膏"，施未光也。

"泣血涟如"，何可长也。

译文

《象辞》说：云和雷组成了《屯》卦，君子从（雨的恩泽、雷的威严、生的艰难）中体会到了治理国家的方针。

（初九爻）虽然徘徊难进，但志向和行动无误。身份尊贵但能谦和待下，就可大得民心。

"六二"爻的艰难，是因为柔盛于刚，"要待十年之后才能出嫁"，这是很反常的。

（六三爻）"追逐野鹿，没有虞人帮忙"，只能跟着猎物瞎跑。君子放弃不追，追下去徒生悔意，将一无所获。

（六四爻）为求婚而去，是一种明智的举动。

（九五爻）"聚敛财富"（的害处），是不愿与更多的人分享。

（上六爻）"哭得血泪如雨"（这只是暂时的），怎么会长久！

注释 ❶云雷屯：云，水。《屯》卦上卦坎，坎为水；下卦震，震为雷。❷经纶：治丝，整理丝线，引申为治理国家。❸以贵下贱：初九是阳爻，上面的六二、六三、六四都是阴爻，阳在阴下，故有贵在贱下之象。❹乘刚：六二是阴爻，可下面的初九是阳爻，故言乘刚。

四 蒙卦
（下坎上艮）

上九 ▬▬▬
六五 ▬ ▬
六四 ▬ ▬
六三 ▬ ▬
九二 ▬▬▬
初六 ▬ ▬

情性　情刚性刚　情止性险

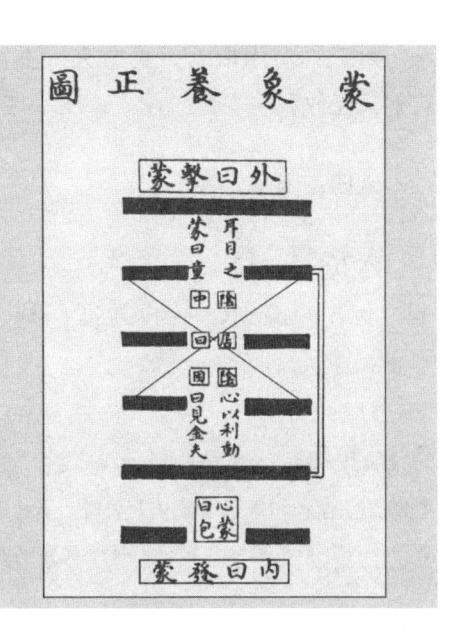

蒙象养正图

原文

《蒙》[1]：亨[2]。匪我求童蒙[3]，童蒙求我。初筮告，再三渎，渎则不告。利贞。

初六：发蒙，利用刑人。用说桎梏，以往吝。

九二：包蒙吉。纳妇吉。子克家。

译文

《蒙》卦象征蒙昧未开，可致亨通。不是我去求蒙童（上学），而是蒙童来求我（接纳）。一次占卜就会有结果告知，（如果不相信）再而三地反复占，就是（对神灵的）亵渎，亵渎是没有好结果的。蒙卦对坚守正道有利。

初六爻，启蒙教育，可让人少走上犯罪之路。可教育欲脱牢狱之灾的犯人，今日之悔就是过去没有好好学习的结果。

九二爻，包教蒙童，吉利。迎娶妻子，吉利。儿子（长大了）能代父持家。

上经　蒙卦　21

六三：勿用取女，见金夫，不有躬，无攸利。

六四：困蒙，吝。

六五：童蒙吉。

上九：击蒙，不利为寇，利御寇。

六三爻，不能娶这样的女子，她见到男人，不懂规矩，（娶这样的女子）不会有好的结果。

六四爻，（没有学到东西）受困于蒙昧之中，（老来只有）后悔。

六五爻，从小好学，吉利。

上九爻，"惩罚"（教育）童蒙，不能操之过急，应多调动其自身的力量来克服所犯的错误。

注释 ❶《蒙》：卦名，下坎（☵）上艮（☶），即下为水上为山。象征蒙稚。❷亨：指事物"蒙稚"之时，若合理启发，必致亨通。❸童蒙：蒙童。小孩子入私塾（蒙学、蒙馆）接受教育，古代称发蒙、开蒙、课蒙。

原文

《彖》曰：《蒙》，山下有险❶，险而止❷，蒙。

《蒙》，"亨"，以亨行时中❸也。

"匪我求童蒙，童蒙求我"，志应❹也。"初筮告"，以刚中❺也。"再三渎，渎则不告"，渎蒙也。

蒙以养正，圣功也。

译文

《彖辞》说：《蒙》卦所象征的是山下有险，有险就要停下来，（不停下来）就是蒙。

《蒙》所谓亨通，是指孩子到了上学的时间，就应该接受启蒙教育，否则就错过时机了。

"不是我去求蒙童，而是蒙童来求我"，是要先看孩子有没有学习志向。"一次占卜就会有结果告知"，因为卜筮者态度坚定虔诚。"再而三地反复占，就是（对神灵的）亵渎，亵渎是没有好结果的"，同时还把童蒙的纯朴之心搞乱了。

启蒙的目的就是要培养正直的品行，这称得上是圣人的事业。

注释 ❶山下有险：这是以《蒙》卦的卦象而说的。《蒙》卦是坎下艮上而组成，艮代表山，坎代表水，代表险，所以说"山下有险"。❷险而止：艮代表山，又代表止，所以又说"险而止"。❸时中：九二处下卦之中间，犹沿亨通之道"治蒙"而能把握适中的时机。❹志应：响应。指卦中二、五阴阳相应，犹"蒙师""学子"志趣投合。❺刚中：九二是阳爻，又居于二、五的中位，故言"刚中"。

原文

《象》曰：山下出泉❶，蒙。君子以果行育德。

"利用刑人"，以正法也。

"子克家"，刚柔接❷也。

"勿用取女"，行不顺❸也。

"困蒙"之"吝"，独远实❹也。

"童蒙"之"吉"，顺以巽❺也。

"利"用"御寇"，上下顺❻也。

译文

《象辞》说：山下有甘泉流出，这是《蒙》卦的象征。君子仿效此象来进行启蒙教育，以培养出有德之人。

（初六爻）"可让人少走上犯罪之路"，是因为树立起了正确的榜样让其效法。

（九二爻）"儿子能代父持家"，是因为刚柔相通，孩子长大了。

（六三爻）"不能娶这样的女子"，是因为此女行为没有合乎礼。

（六四爻）"受困于蒙昧之中"的所谓"后悔"，是因为只有他一人跟不上形势了。

（六五爻）"从小好学"的所谓"吉利"，是因为他们态度恭顺端正，而且懂了。

（上九爻）"应多调动其自身的力量"来"克服所犯的错误"，这样上下都能顺利地达成目的。

上经　蒙卦

注释 ❶山下出泉：这是以《蒙》卦的卦象而说的。❷刚柔接：九二阳刚，六五阴柔，尊者下求贤师，二、五应合，故曰"接"。❸行不顺：六三阴爻，下乘九二阳爻。《周易集解》："失位乘刚，故行不顺也。"❹独远实：爻象阴虚而阳实，初六爻、六三爻（虚）都靠近九二爻（实），六五爻靠近上九爻，只有六四爻远离。❺顺以巽：顺，顺从。巽（xùn），进入。❻上下顺：《易经俗解》："上九，刚能克柔，自知为寇不利，御寇则上下顺也，而有助也。"

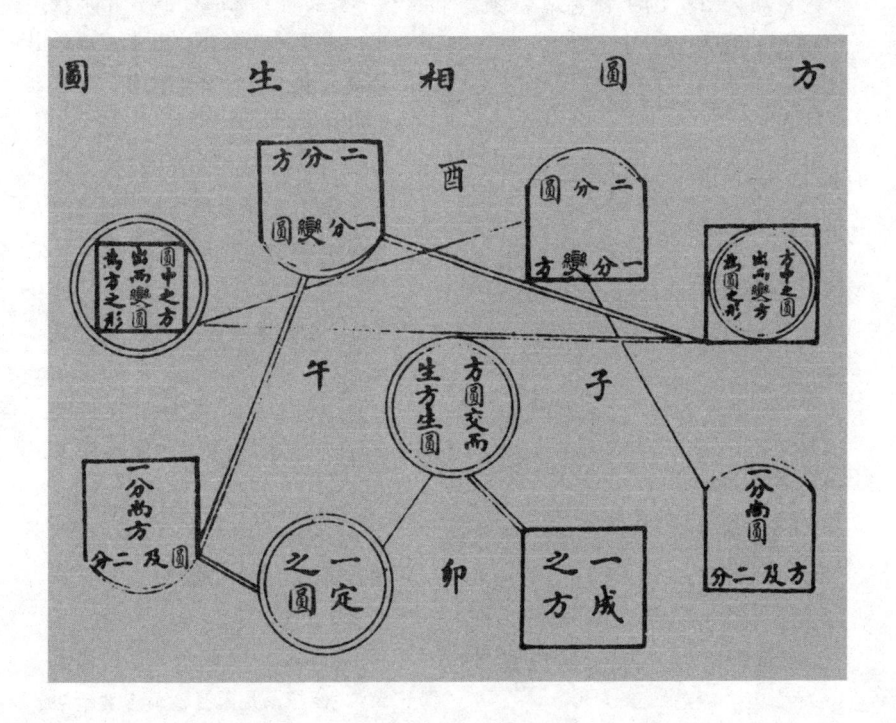

方圆相生图

方分二 圆变分一

圆中之方 出而变圆 为方之形

圆分二 方变分一

方中之圆 出而变方 为圆之形

午

方圆交而 生方生圆

子

一分为方 分二及圆

一定之圆

卯

一成之方

一分为圆 分二及方

上六
九五
六四
九三
九二
初九

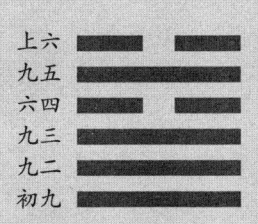

五 需卦
（下乾上坎）

情性　情刚性刚　情险性健

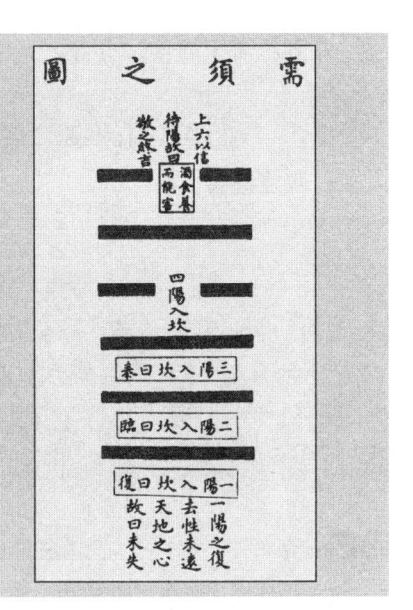

原文

《需》❶：有孚❷，光亨❸，贞吉，利涉❺大川。

初九：需于郊，利用恒，无咎。

九二：需于沙，小有言❻，终吉。

九三：需于泥，致寇至。

六四：需于血，出自穴。

译文

《需》卦象征要心怀诚信，前途光明畅通，坚持正道就会吉利，大江大河也可顺利渡过。

初九爻，雨水已下到郊外了，要耐心等待，没有什么祸殃。

九二爻，雨水浸到沙滩了，有人在小声议论，（如果能听取意见，采取措施）终究还是吉利。

九三爻，雨水造成了泥泞（匆忙避难，人、车被陷住了），坏人会乘机来"捡便宜"（抢劫）。

六四爻，雨水过剩会使人付出血的代价，原因就是没有接受意见和教训。

九五：需于酒食，贞吉。

上六：入于穴，有不速之客三人来，敬之终吉。

九五爻，雨水过后，买酒找粮，恢复正常，吉利。

上六爻，召集众人听取意见，有三个客人不请自到，但仍对他们很恭敬，结果吉利。

注释 ❶《需》：卦名，下乾（☰）上坎（☵）。《周易正义》："需者，待也，物初蒙难，待养而成。"❷孚：诚信。❸光亨：光，大。亨，通。❹贞：正。❺涉：涉水。❻小有言：小，小声，小量，或地位低的人，或少数人；言，谈论，议论。

原文

《象》曰：《需》，须❶也，险在前也❷。

刚健而不陷，其义不困穷矣。

《需》，"有孚，光亨，贞❸吉"，位乎天位，以正中也❹。

"利涉大川"，往有功也❺。

译文

《象辞》说：《需》卦象征着等待，因为前面有险阻。

刚健有力而又不恃勇冒险，就不至于落得无路可走而误了大事。

《需》卦说"心怀诚信，前途光明畅通，坚持正道就会吉利"，因为取得了高位还能守正不偏。

"大江大河也可顺利渡过"，前往必获成功。

注释 ❶须：等待。❷险在前也：这是以《需》卦的卦象为说的，坎表示险。❸贞：正。❹位乎天位，以正中也：坎卦在乾卦上面，其九五阳爻又居正中。❺往有功也：《周易正义》："以乾刚健，故行险有功也。"

原文

《象》曰：云上于天❶，需。君子以饮食宴乐❷。

"需于郊"，不犯难行也。"利用恒，无咎"，未失常❸也。

"需于沙"，衍❹在中也。虽"小有言"，以"终吉"也。

"需于泥"，灾在外也。自我"致寇"，敬慎不败也。

"需于血"，顺以听也。

"酒食，贞吉"，以中正也。

"不速之客来，敬之终吉"，虽不当位❺，未大失也。

译文

《象辞》说：云浮上天空，就是《需》卦之象（久旱逢雨）。君子摆酒设宴庆祝。

（初九爻）"雨水已下到郊外了"，是提示出行要有所准备，不要到时候犯难。"要耐心等待，没有什么祸殃"，是因为常理如此。

（九二爻）"雨水浸到沙滩了"，是因为河中涨满了水。虽然是"小声的议论"，如果能重视，就会"终究吉利"。

（九三爻）"雨水造成了泥泞"，出门逃难还要遭灾。"坏人乘机来'捡便宜'"的原因在自己，所以要想立于不败之地，就必须敬重每个人的意见并小心谨慎。

（六四爻）"雨水过剩会使人付出血的代价"，这时才终于明白注意多听才会顺利。

（九五爻）"买酒找粮，恢复正常，吉利"，因为此时居中得正（情况全面好转）。

（上六爻）"客人不请自到，但仍对他们很恭敬，结果吉利"，指的是让出最尊贵的席位（给客人），就不会造成大的失误了。

注释 ❶云上于天：《需》卦上坎为云（水），下乾为天。《周易集解》："云上于天，须时而降也。"《周易正义》："不言'天上有云'，而言'云上于天'者，若是天上有云，无以见欲雨之义，故云'云上于天'。"❷君子以饮食宴乐：这是说明"君子"观《需》卦之象，知事必成，唯待时耳，故饮食宴乐以待时也。❸常：指恒常之理。❹衍（yǎn）：蔓延，漫溢。❺虽不当位："上六"是最后一个阴爻，处于阴之极盛，不宜当主位，为险境。不速之客（九三爻），阳也，阳来化险——在彼未为大失也。

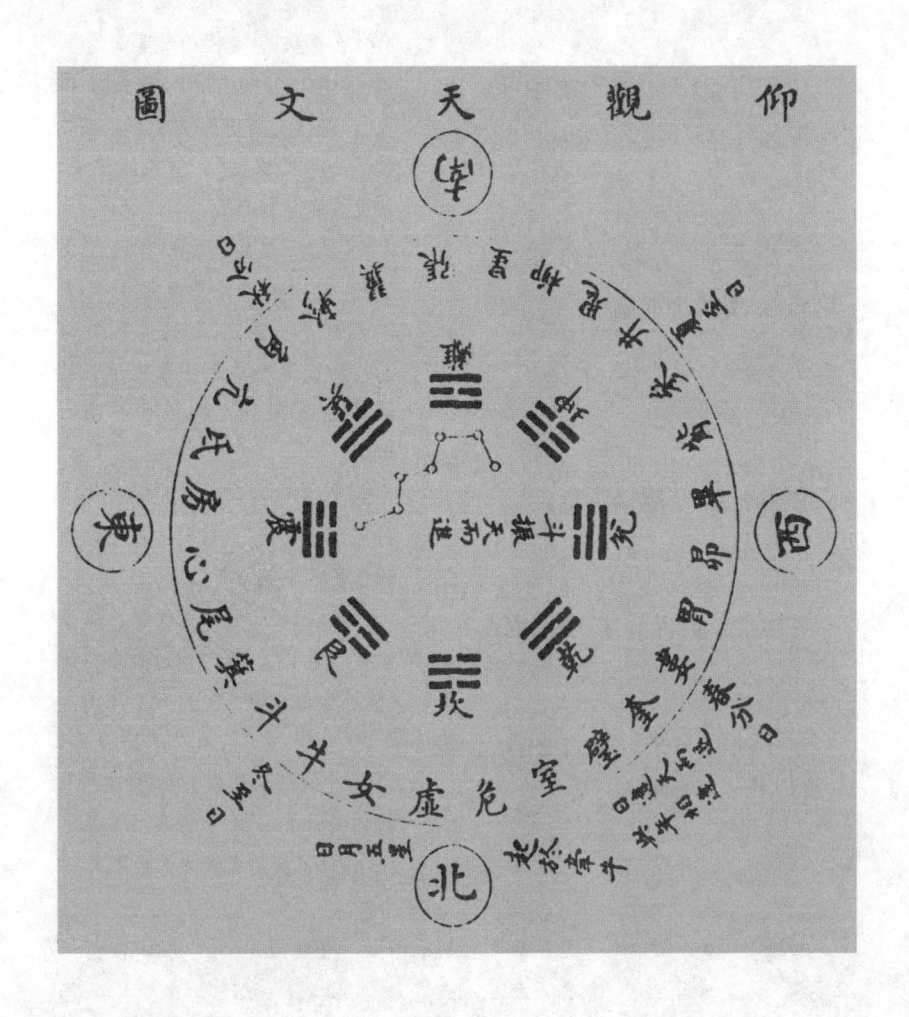

```
上九
九五
九四
六三
九二
初六
```

六 讼卦
（下坎上乾）

情性　情刚性刚　情健性险

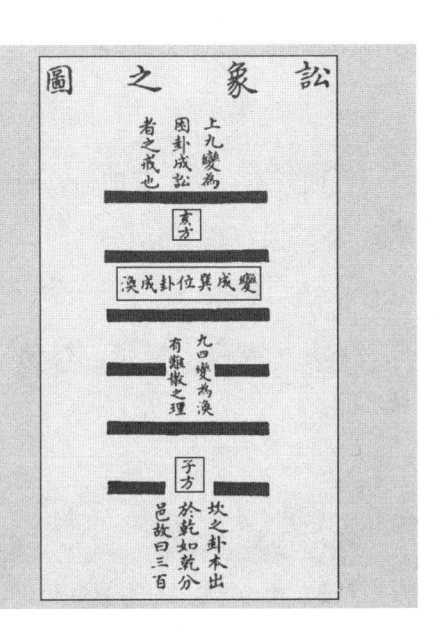

讼象之图

上九变为
因卦成讼
者之戒也

亥方

变成巽位卦成涣

九四变为涣
有离散之理

子方

坎之卦本出
於乾如乾分
邑故曰三百

原文

《讼》❶：有孚，窒惕，中吉。终凶。利见大人，不利涉大川。

初六：不永所事❷，小有言，终吉。

九二：不克讼，归而逋❸，其邑人三百户，无眚❹。

六三：食旧德❺，贞厉❻，终吉。或从王事，无成。

译文

《讼》卦象征诉讼。心存诚信，但情理难申时千万小心，走中间路线会有吉利。如果争个不休，则有凶险。利于寻求贵人的帮助，渡大江大河则不利。

初六爻，不要把争讼拖得太久，有些小的争议，最终结果是好的。

九二爻，没有胜诉，只能往回逃，其小邑有三百户人家（掩护或相助），无灾。

六三爻，靠祖宗留下的"遗产"（暂渡难关），保持走正道并不断激励自己，最终会吉利。如

上经　讼卦

九四：不克讼，复即命，渝安贞，吉。

九五：讼，元吉。

上九：或锡之鞶带，终朝三褫之。

果（不好好潜心养性或寻找合适的机会就贸然出来）为王服务，不会有成功的机会。

九四爻，没有胜诉，回来重新过正常生活，转变心态安于正道，吉利。

九五爻，诉讼（终审），大吉。

上九爻，（终审胜诉）也许还要赏赐专用腰带，但君上三次准备赏赐，三次又改变了主意，终朝也没有赏赐。

注释 ❶《讼》：卦名。这是异卦相叠，下卦为坎（☵），坎为水；上卦为乾（☰），乾为天；这一卦的形象，与《需》卦正相反，相互是"综卦"，一是争，一是等，交互为用。❷永所事：永，长久，持久。所事，所争讼之事。❸逋（bū）：逃亡。❹眚（shěng）：本义眼睛生翳，泛指病。引为灾祸和过错。❺食旧德：食，相当于食邑的食。古代做官的人，以分封采邑的税收生活，而且世袭。旧德，先人因功得到封邑并传了下来，或封邑已另有所属，但邑人对其先辈感恩戴德，还愿意接纳他。❻贞厉：贞，纯正。厉，勉励。

原文

《彖》曰：讼，上刚下险❶，险而健，讼❷。

"讼：有孚，窒惕，中吉"，刚来而得中也。

"终凶"，讼不可成也。

"利见大人"，尚中正❸也。

译文

《彖辞》说：《讼》卦的卦象是上刚强而下险诈，险诈的人和刚强的人相遇，必然引起争讼。

"诉讼：心存诚信，但情理难申时千万小心，走中间路线会有吉利"，是由于辩护时能直气壮且不过激。

"争个不休，则有凶险"，结果是两败俱伤。

"利于寻求'大人'的帮助"，

"不利涉大川",入于渊❹也。

寻求的是公正不偏的裁决。

"渡大江大河则不利",说的是会被（争讼）拖下深渊。

注释 ❶ 上刚下险：《讼》卦是由下坎上乾组成的。乾表示刚强，坎表示危险。❷ 讼：争讼。❸ 尚：崇尚。❹ 入于渊：此句又举上卦乾刚乘下卦坎险之象，说明恃刚犯难，将有陷于深渊之危。

原文

《象》曰：天与水违行❶，《讼》。君子以作事谋始。

"不永所事"，讼不可长也。虽"小有言"，其辩明也。

"不克讼，归而逋"，窜也。自下讼上❷，患至掇也。

"食旧德"，从上吉也。

"复即命，渝安贞"，不失也。

"讼，元吉"，以中正也。

以讼受服，亦不足敬也。

译文

《象辞》说：天向西行，水向东流，方向相反，这就是《讼》卦的卦象。君子由此领悟到不管做什么事，开始就要想好。

（初六爻）"不要把争讼拖得太久"，争讼长了对谁都没有好处。虽然"有些小的争议"（还没有解决），但可以看出（停止争讼的）好处更多。

（九二爻）"没有胜诉，只能往回逃"，是要找个地方藏起来。以下告上，麻烦就要缠身。

（六三爻）"靠祖宗留下的'遗产'（暂渡难关）"，说明跟从君上，自然会有吉利。

（九四爻）"回来重新过正常生活，转变心态安于正道，吉利"，不失为正确的选择。

（九五爻）"诉讼（终审），大吉"，这是由于走的是中正之道。

（上九爻）（终朝也没有赏赐）

因为以争讼而受赏官服,众人心中不服。

注释 ❶天与水违行:《周易正义》:"天道西转,水流东注,是天与水相违而行……象人彼此两相乖戾,故致讼也。" ❷自下讼上:下指九二,上指九五。"九五"至尊。

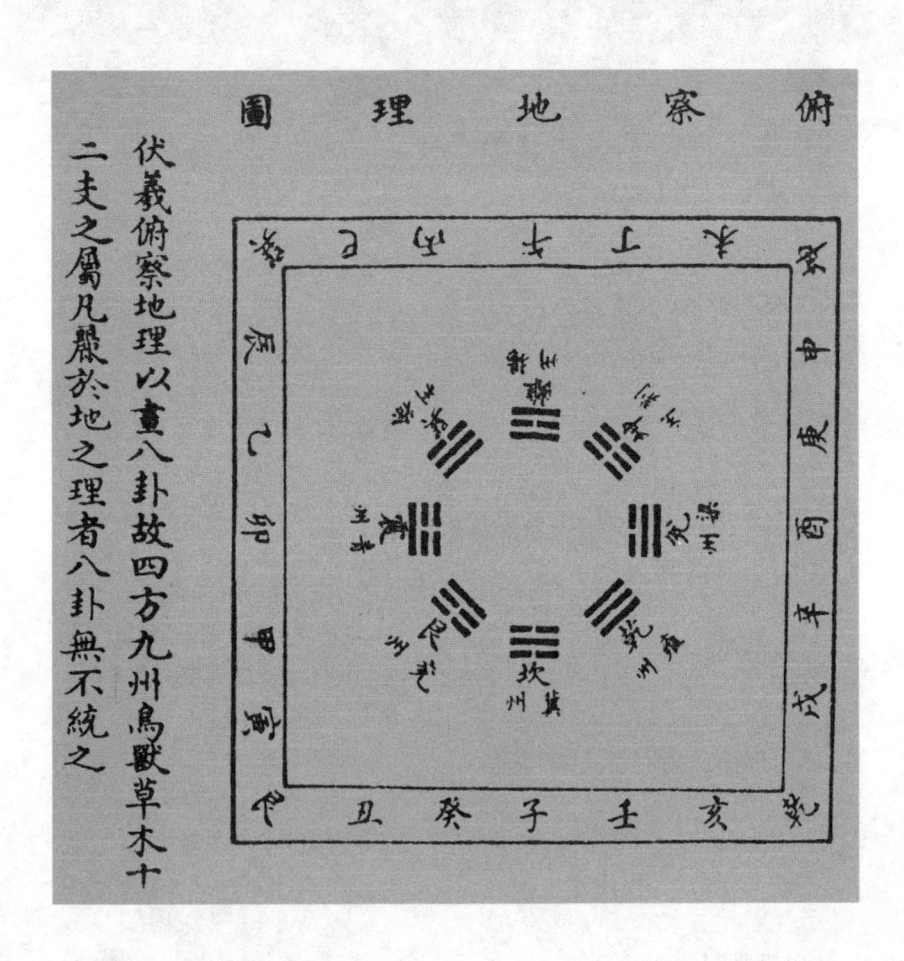

俯察地理图

伏羲俯察地理以画八卦故四方九州鸟兽草木十二支之属凡丽於地之理者八卦无不统之

上六
六五
六四
六三
九二
初六

七 师卦
（下坎上坤）

情性　情柔性刚　情顺性险

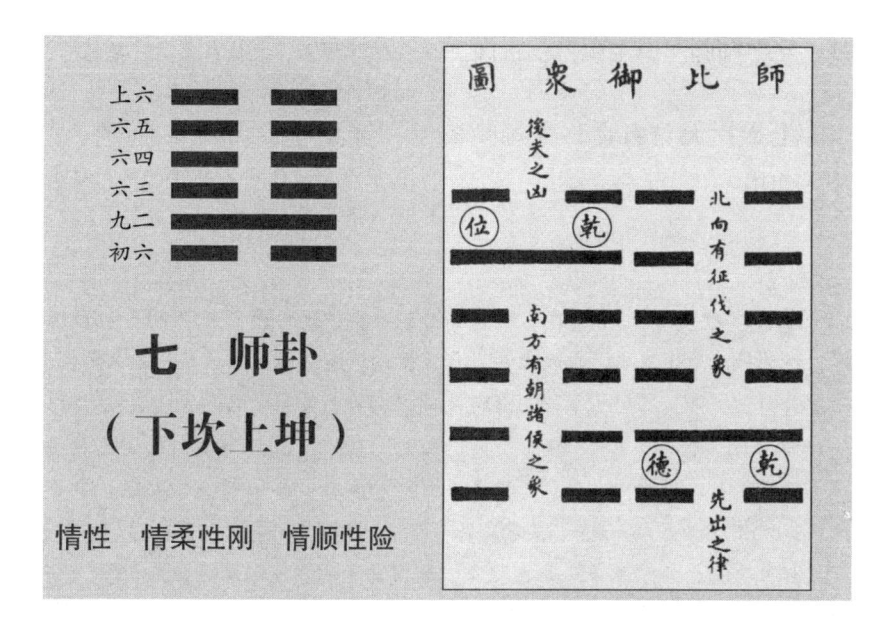

原文

《师》❶：贞❷，丈人❸，吉，无咎❹。

初六：师出以律，否臧❺，凶。

九二：在师，中吉无咎，王三锡命❻。

六三：师或舆尸❼，凶。

六四：师左次❽，无咎。

六五：田有禽，利执言❾，无

译文

《师》卦象征师旅：坚守正道，统帅德高望重，可得吉祥，必无灾祸。

初六爻，军队出动必须严守纪律，纪律不良，前途凶险。

九二爻，统率军队，举措适中，吉祥，无过，君王连续三次下达给予奖赏的命令。

六三爻，军队如果由众人指挥，凶险。

六四爻，军队退到后面高地驻扎，没有过失。

六五爻，田野有禽兽出没，猎获有利，没有过失；委任长子咎。长子帅师，弟子舆尸，贞凶。

上六：大君有命，开国承家，小人勿用。

统率军队，又让弟弟们一起指挥，坚持这样必有凶险。

上六爻，（战争结束）天子发布命令，分封诸侯和世家，对小人则不予重用。

注释 ❶《师》：卦名，本卦是异卦相叠，下坎（☵）上坤（☷），坎为水，坤为地。地下有水，数量无穷，水流所向，随势而行。这正是军旅之象，所以卦名曰《师》。《周易集解》引何晏曰："师者，军旅之名，故《周礼》云，'一千有五百人为师'也。"❷贞：指"兵众"应当以"正"为本。❸丈人：指德高望重之人。此处"丈人"是指军队主帅。❹咎（jiù）：过失，灾祸。❺否臧：否（pǐ），不。臧（zāng），善、好。否臧，意谓不好。此句是说明"初六"处《师》之始，为"军旅"初出之象，故诫其严明军纪，反之必凶。❻三锡命：锡，通"赐"。三锡命，三次赏赐的命令。这是周朝的最高奖赏。❼或舆尸：或，或者，如果；舆，舆论，众人纷说；尸，尸位，空占职位。❽左次：左，左后方；次，驻一夜叫宿，两夜叫信，两夜以上叫次。兵法原则，布阵之地右前方低，便于攻击；左后方高，便于防御。左次，就是退到后面高地驻扎。❾执言：执，获取。言，语气助词。

原文

《彖》曰：《师》，众也；贞，正也。能以众正，可以王矣。

刚中而应❶，行险而顺❷。以此毒❸天下而民从之，吉又何咎矣。

译文

《彖辞》说：师，是众人的集合体；贞，是正义。能让众人组成正义之师，就能统一天下。

刚健居中能得到响应，遇到险境能顺利通过。以此督治天下，而百姓乐意追随，这样除了吉祥还是吉祥，是不会有什么过错的。

注释 ❶刚中而应："九二"阳爻，性刚，而居下卦中位，故曰刚中。应，响应。六爻之中，另一个处于中位的是"六五"阴爻，阴响应阳，故称为"应"。❷行险而顺：《师》卦的卦象是下坎上坤，坎表示危险，坤表示平顺、柔顺，所以说"行险而顺"。❸毒：治也。俞樾说："毒，读为督，治也。"也有人解为："熟"，养育，使成熟。

原文

《象》曰：地中有水，师。君子以容民畜众。

"师出以律"，失律凶也。

"在师，中吉"，承天宠也。"王三锡命"，怀万邦也。

"师或舆尸"，大无功也。

"左次无咎"，未失常也。

"长子帅师"，以中行也。"弟子舆尸"，使不当也。

"大君有命"，以正功也。"小人勿用"，必乱邦也。

译文

《象辞》说：地中有水，象征民众聚集，这就是《师》卦之象。君子由此领悟到要容纳爱护百姓，积蓄众人之力。

（初六爻）"军队出动必须严守纪律"，说的是丧失纪律，前途凶险。

（九二爻）"统率军队，举措适中，吉祥"，是因为承受天命，得君王宠爱。所谓"君王连续三次下达给予奖赏的命令"，是因为天下一统，君王以示怀柔。

（六三爻）"军队如果由众人指挥"，是怎么样都不会成功的。

（六四爻）"军队退到后面高地驻扎，没有过失"，是说指挥没有违背兵道常理。

（六五爻）"委任长子统率军队"，是以中正行事。"又让弟弟们一起指挥"，说明用人不当。

（上六爻）"天子发布命令"，这是论功行赏。"对小人则不予重用"，因为这些人必将造成国家的动乱。

上经　师卦

上六
九五
六四
六三
六二
初六

八 比卦
（下坤上坎）

情性　情刚性柔　情险性顺

圖象御比師
後夫之凶
位　乾
北向有征伐之象
南方有朝诸侯之象
德　乾
先出之律

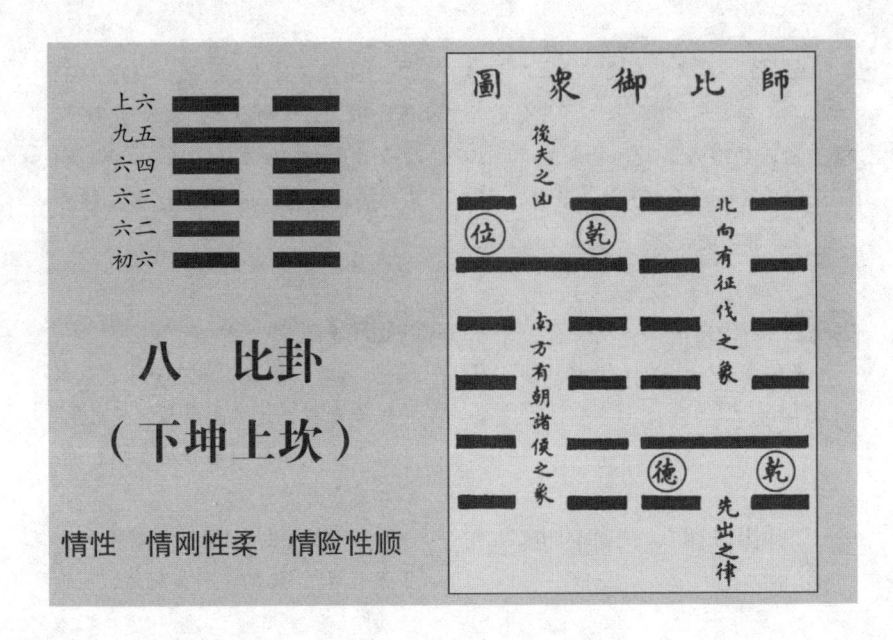

原文

《比》①：吉。原筮②，元永贞③，无咎④。不宁方⑤来，后夫⑥凶。

初六：有孚，比之无咎。有孚盈缶，终来有它，吉。

六二：比之自内，贞吉。

六三：比之匪人。

六四：外比之，贞吉。

译文

《比》卦象征亲近依附：吉利。原初诚心卜筮，大吉并能一直保持下去，没有灾祸。不太顺服的方国来朝贡，落在后面的有凶险。

初六爻，满怀诚信，相互亲近，就不会有什么灾祸。满怀诚信，如美酒盈满容器，未来会不断呈现吉祥。

六二爻，亲近发自内心，始终如此，吉利。

六三爻，亲近坏人（会有凶险）。

六四爻，（把对家人之心也用来）亲近外人，始终如此，吉利。

九五：显比。王用三驱❼失前禽，邑人不诫❽，吉。

九五爻，光明正大地亲近。君王狩猎时，只从左、右、后三面驱赶禽兽，网开一面，任凭禽兽从前方跑掉，对（帮助围猎的）当地人也不训诫，吉利。

上六：比之无首，凶。

上六爻，想亲近，但是没有首领，这是凶险的乱局。

注释 ❶《比》：卦名，本卦是异卦相叠，下坤（☷）上坎（☵）。下卦坤，代表地；上卦坎，代表水。水归大地，地纳江海，这是亲近依附之象，所以卦名为《比》。❷原筮：原，初次。筮（shì），用筮草占卜。占卜只能一次为准，再筮显得不诚。❸元永贞：元，大。永，长久。贞，坚贞。❹咎（jiù）：灾祸。❺方：古代将诸侯、小国称为方国，或称为"方"。❻后夫：后至之人。❼王用三驱：天子狩猎，只由三面赶禽兽，称作"三驱"，舍弃往前方逃的，只捕杀迎面来的，所以说"失前禽"。❽邑人不诫：邑人，指狩猎区域的老百姓。他们种地砍柴不用交赋税，平时对猎场有看管之责，君王来了有帮助围猎的义务。诫，训诫，"前禽"跑了，王并不怪罪他们。

原文

《象》曰：比，吉也❶；比，辅也，下顺从也。

"原筮，元永贞，无咎"，以刚中❷也。

"不宁方来"，上下应❸也；"后夫凶"，其道穷也。

译文

《象辞》说：亲近，是一种愿意辅佐的态度，下顺从上。

"原初诚心卜筮，大吉并能一直保持下去，没有灾祸"，因为其行为刚毅中正。

"不太顺服的方国来朝贡"，表明上下互相呼应；"落在后面的有凶险"，因为他已经无路可走了（孤立无援）。

注释 ❶比，吉也：象辞应首释卦名，这是卦辞，衍文。❷刚中："九五"阳刚居中，为亲近的核心。❸上下应：上，指九五；下，指初六、六二、六三、六四诸阴爻。

原文

《象》曰：地上有水❶，比。先王以建万国，亲诸侯❷。

《比》之"初六"，"有它吉"也。

"比之自内"，不自失❸也。

"比之匪人"，不亦伤乎？

"外比"于贤，以从上也。

"显比"之吉，位正中也。

舍逆取顺❹，"失前禽"也。

"邑人不诫"，上使中也。

"比之无首"，无所终也。

译文

《象辞》说：地上有水，象征亲近。先代君王因此领悟到要以万国为根基，亲近各诸侯王。

《比》卦的"初六"爻，真的"会不断呈现吉祥"。

（六二爻）"亲近发自内心"，并不会失去自我。

（六三爻）"亲近坏人"，这难道不令人伤悲吗？

（六四爻）"亲近外人"，是要以贤人之心打动他们，让他们顺从君王。

（九五爻）"光明正大地亲近"所说的吉祥，是正中当位的缘故。

该跑的让他跑，该得到的就得到，"失"是有意放走前禽。

"对（帮助围猎的）当地人也不训诫"，是君王中和之心的表现。

（上六爻）"想亲近，但是没有首领"，说的是（当初落在最后朝贡）现在无法收场。

注释 ❶地上有水：《比》卦下坤上坎，坤代表地，坎代表水，所以说"地上有水"。《周易集解》引何晏曰："水性润下，今在地上，更相浸润，'比'之义也。" ❷亲诸侯：怀柔诸侯。❸不自失：《周易本义》："得正则不自失矣。" ❹舍逆取顺：舍，放开。逆，跑开的。取，猎取。顺，迎面跑来的。

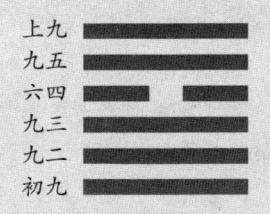

九　小畜卦
（下乾上巽）

情性　情柔性刚　情入性健

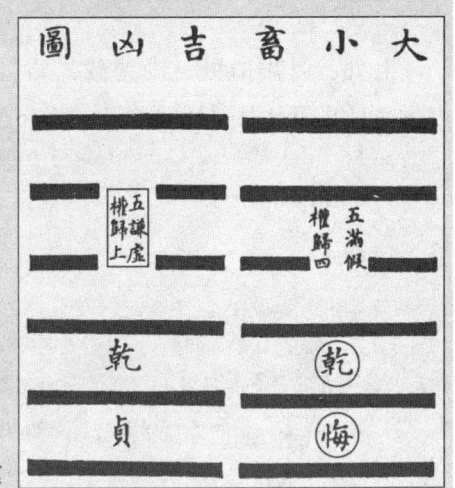

原文

《小畜》❶：亨。密云不雨❷，自我西郊。

初九：复自道❸，何其咎？吉。

九二：牵复，吉。

九三：舆脱辐❹，夫妻反目。

六四：有孚，血❺去惕出，无咎。

译文

《小畜》卦象征慢慢积蓄：会致亨通。乌云密布，尚未下雨，慢慢从我们城市的西郊飘过来。

初九爻，不停实行自己慢慢积蓄的致富之道，哪里还会有什么灾祸呢？吉祥。

九二爻，牵手一起不停地慢慢积蓄，吉利。

九三爻，车身与车轮散脱车子就无法前行，丈夫与妻子各顾各的家庭就无法兴旺。

六四爻，具有诚信，就能消除激烈冲突和互相猜忌，没有什么灾祸。

九五：有孚挛如，富以其邻。

上九：既雨既处，尚德载，妇贞厉。月几望，君子征凶。

九五爻，诚信合作，带动周围的人一起致富。

上九爻，风雨过后，河池满了，必须靠高尚之德才能拥有，否则就是死心眼（各音）的妇人之见，危险。月亮有盈亏，君子只想赚（不想亏），必有凶险。

注释 ❶《小畜》：卦名。本卦为异卦相叠，下乾（☰）上巽（☴），乾代表天，巽代表风。有和风满天、风调雨顺之象。按，"畜"字，兼有"蓄聚""蓄养""蓄止"诸义。聚物既可以养物，又可以止物，则卦名之义当以"聚"为本，以"养""止"为引申义。❷密云不雨：《周易译注》："西，古人以为象征'阴方'。我，卦中以阴为主，故称我。这两句的意思是说明：以阴畜阳，所畜不能盛大；犹如阴气先从阴方升起，聚阳甚微，未足以和阳成雨，故有'密云不雨'之象。"大雨将随后来，意谓更多的财富也将随后而来。❸复自道：复，反复进行。自道，小畜之道。❹舆脱辐：舆，马车车厢。辐，是固定于车轮与轮轴上的挈栓，这里指车轮。❺血：流血事件。

原文

《象》曰：《小畜》，柔得位❶而上下应之❷，曰小畜❸。

健而巽❹，刚中而志行，乃"亨"。

"密云不雨"，尚往也。

"自我西郊"，施未行也。

译文

《象辞》说：《小畜》的特点，是说阴柔者处于合适的位置，上下的五个阳爻与之呼应，这样就能一点点完成财富的积蓄。

它是乾卦和巽卦合在一起，既有乾卦的刚健，又有巽卦的中和，加上矢志不渝的努力，所以能够亨通。

所谓"乌云密布，尚未下雨"，是说要继续努力，不放弃。

所谓"慢慢从我们城市的

西郊飘过来",是说力量还没有展开。

注释 ❶柔得位:《小畜》中只有"六四"一个阴爻,第四爻又本属阴位,故曰"柔得位"。❷上下应之:"六四"的上下均为阳爻,五刚应一柔,故曰"上下应之"。❸小畜:畜,积蓄,聚积。以一阴而聚合五阳,力量太弱,只能慢慢来。❹健而巽:此以全卦卦象为据。"九二"阳爻为刚,居下卦中位,"九五"阳爻为刚,亦居上卦中位,故曰"刚中"。

原文

《象》曰:风行天上❶,《小畜》。君子以懿❷文❸德。

"复自道",其义"吉"也。

"牵复"在中❹,亦不自失也。

"夫妻反目",不能正室也。

"有孚惕出",上合志也。

"有孚挛如",不独富也。

"既雨既处","德"积"载"也。

译文

《象辞》说:和风吹拂天空(凉爽宜人),这就是《小畜》卦的象征。君子因此领悟到应当美化自己的谈吐和仪表。

(初九爻)"不停实行自己慢慢积蓄的致富之道",行为适宜,因而吉祥。

(九二爻)"牵手一起不停地慢慢积蓄"能够增加合力,自己的也不见得就会减少。

(九三爻)"丈夫与妻子各顾各的家庭就无法兴旺",原因是没有把自己放在正确的位置上。

(六四爻)"具有诚信,就能消除互相猜忌",是为了志向合一。

(九五爻)"诚信合作",是说不独享富贵。

(上九爻)"风雨过后,河池满了",这种拥有必须在"积德"的前提下才是载得住的。

"君子征凶",有所疑也。　　"君子只想赚,必有凶险",是因为心态不稳。

> **注释** ❶风行天上:《小畜》卦是下乾上巽,乾代表天,巽代表风。❷懿(yì):美。❸文:纹,修饰。❹在中:"九二"居下卦中位。

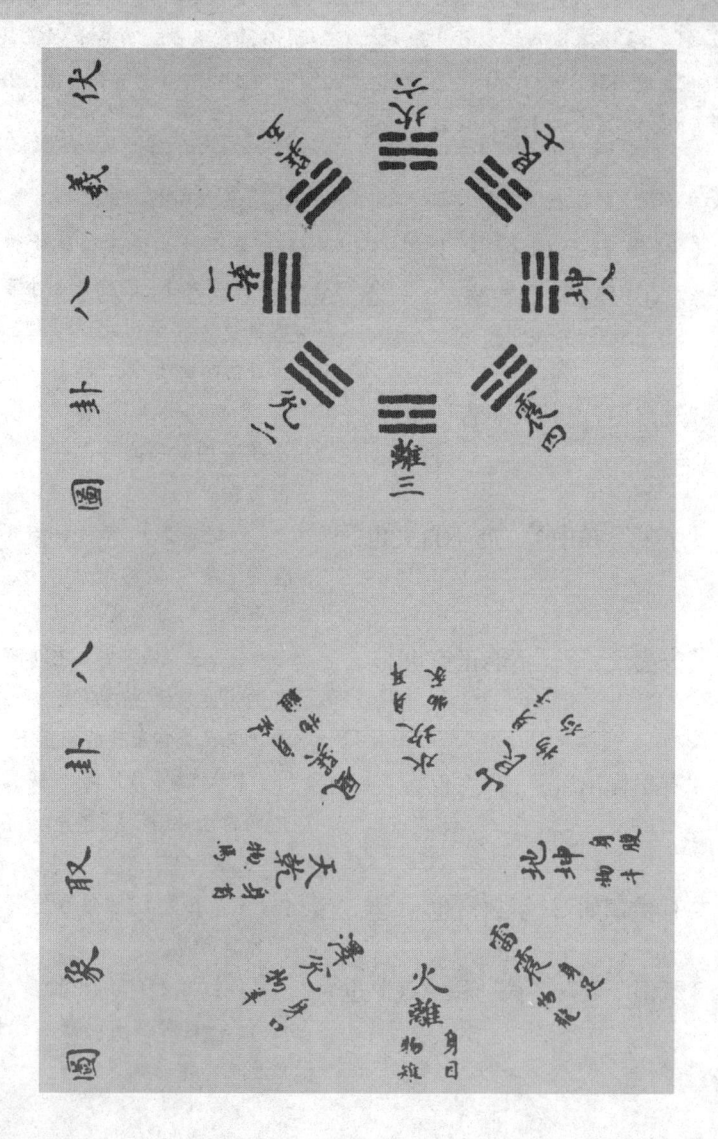

十　履卦
（下兑上乾）

情性　情刚性柔　情健性悦

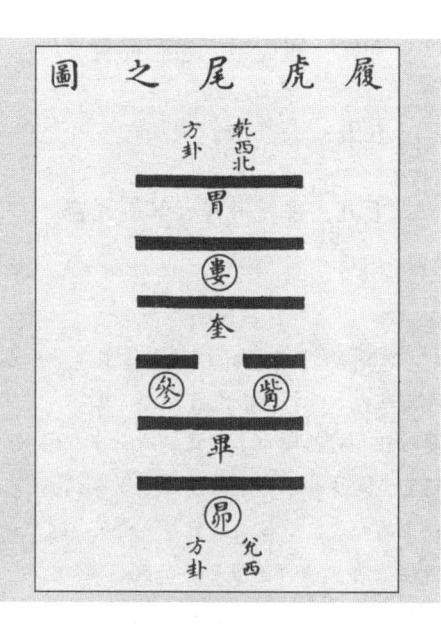

原文

《履》❶：履虎尾，不咥❷人，亨。

初九：素履往，无咎。

九二：履道坦坦，幽人贞吉。

六三：眇❸能视，跛能履，履虎尾，咥人，凶，武人❹为于大君。

译文

《履》卦象征以柔克刚，行为对路：踩了老虎尾巴，老虎也不咬人，前途亨通。

初九爻，淡泊名利行事，没有灾祸。

九二爻，坦坦荡荡走自己的路，单独一人也能坚持正道，吉祥。

六三爻，瞎了一只眼勉强还能看，跛了一条腿勉强还能走，这样的人踩了老虎尾巴，老虎会吃掉他，凶险，就如只懂得使用武力的人想成为天子（绝没有好下场）。

上经　履卦

九四：履虎尾，愬愬终吉❺。

九五：夬❻履，贞厉。

上九：视履考祥，其旋元吉。

九四爻，踩了老虎的尾巴，感到害怕，但最终平安无事。

九五爻，果敢行事固然不错，但一直这样就有些过分。

上九爻，为官履历被详细考评，退下来的时候大吉。

注释 ❶《履》：卦名。本卦是异卦相叠，下兑（☱）上乾（☰），兑代表泽，乾代表天。泽以象臣，天以象君，实际的意思是"伴君如伴虎"，必须掌握其心理和行为特征小心谨慎地行事。❷咥（dié）：噬，即咬。根据动物学家的研究，老虎如果不是极度饥饿或老病，不是被激怒了，是不会攻击人的，而且攻击的一般是小孩或行动不便的人。这里说"履虎尾，不咥人"，是以丰富的生活经验为基础的。❸眇（miǎo）：偏盲，一只眼睛丧失视力。❹武人：只懂得使用武力的人。比如项羽，十个刘邦也打不过他，但最后他却败给了刘邦，落了个自刎乌江的下场。❺愬愬终吉：愬（sù），害怕的样子。此阳爻处在阴位（四），表示虽强而有力但态度柔顺，这样不仅能施展抱负，而且能避免伤害，所以最终吉祥。❻夬（guài）：果决。

原文

《彖》曰：《履》，柔履刚❶也。说而应乎乾❷，是以"履虎尾，不咥人，亨"。

刚中正，履帝位而不疚，光明也。

译文

《彖辞》说：《履》卦象征柔和抑制了刚强。态度和悦，就容易被君王或他人接受，这就是所谓"踩了老虎尾巴，老虎也不咬人，前途亨通"。

只要做事秉持阳刚中正，就不必为（有人说你）专门讨好君王而内心忐忑，因为你光明磊落（不谋私）。

注释 ❶柔履刚：孔颖达《周易正义》："六三阴爻在九二阳爻之上，故云'柔履刚'也。"履，盖过，使之发作不出来，抑制住了。❷说而应乎乾：此以上下卦象为据。下卦为兑，兑义谦逊。上卦为乾，乾义刚猛。说，即悦。应，感应，情绪的相通。

原文

《象》曰：上天下泽，《履》。君子以辨上下，定民志❶。

"素履"之"往"，独行愿也。

"幽人贞吉"，中不自乱也。

"眇能视"，不足以有明也。

"跛能履"，不足以与行也。

"咥人"之"凶"，位不当也。

"武人为于大君"，志刚也。

"愬愬终吉"，志行也。

"夬履，贞厉"，位正当也。

译文

《象辞》说：上乾下兑，君王之下有臣民，这就是《履》卦之象。君子由此明白了自己应该处的位置，并注意测定百姓的心愿。

（初九爻）"淡泊名利行事"，是在实现与众不同的志愿。

（九二爻）"单独一人也能坚持正道，吉祥"，是他能"慎独"，心中不会自乱方寸。

（六三爻）"瞎了一只眼勉强还能看"，是说不足以达到明智。

"跛了一条腿勉强还能走"，是说不足以与人同行。

"老虎会吃掉他"的"凶险"，是说他没有摆正自己的位置。

"只懂得使用武力的人想成为天子（绝没有好下场）"，是因为他的所求所为太刚硬了。

（九四爻）"感到害怕，但最终平安无事"，是说其抱负实现了。

（九五爻）"果敢行事固然不错，但一直这样就有些过分"，这是因为他所处的位置使他觉得他

"元吉"在上❷，大有庆也。

有权这么做。

（上九爻）"大吉"来自上面，值得大大庆祝。

注释 ❶辨上下，定民志：辨，辨明；定，测定。弄清了上下的意愿和处境，君子的选择是在上、下之间做一个好官，所谓上不愧君王，下不愧百姓。❷在上：这是以"上九"的爻位为说的，"上"与终同，卦爻终了，也意味着该致仕回家了。这时"在上"，就是上面对致仕官员的考评——视履考祥。对于廉洁奉公的大臣，在其退位回家时，皇帝往往会赐"特恩"，所以"元吉"。

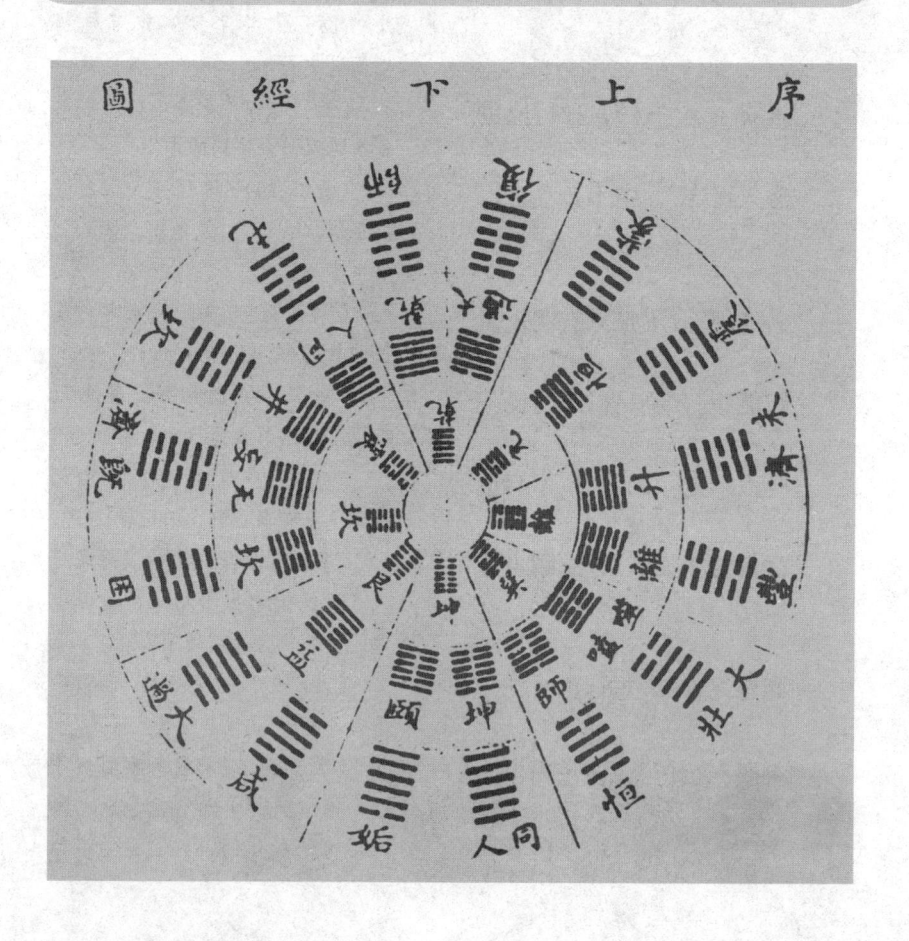

十一 泰卦
（下乾上坤）

情性　情柔性刚　情顺性健

原文

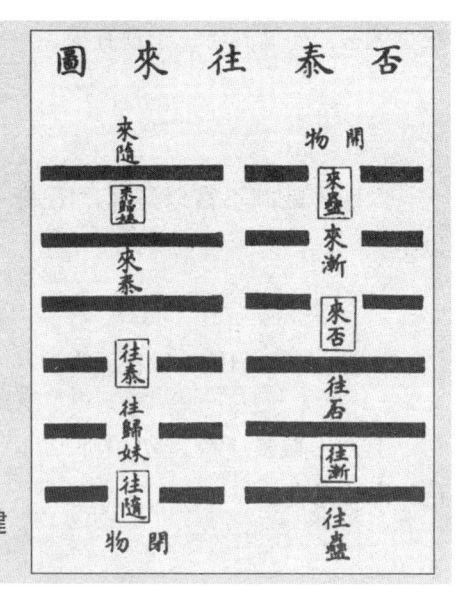

《泰》①：小往大来②，吉亨。

初九：拔茅茹③，以其汇④，征吉。

九二：包荒⑤，用冯河，不遐遗，朋亡，得尚于中行。

九三：无平不陂，无往不复。

译文

《泰》卦象征通泰。阴气和阳气你来我往，乐此不疲，吉祥亨通。

初九爻，拔起茅草会牵动根，说明事物是以类相连的，如此考虑问题来求取人才，吉利。

九二爻，具有包容一切的宽广胸怀，人才就会涉川过河、不辞辛苦而来，连很远的地方的人也不会遗漏，小利益集团组成的朋党也没有立足之地，大家都会围绕着中正行事。

九三爻，人世间有平地，也有坡坡坎坎；有前进，也有退后。

艰贞无咎，勿恤其孚，于食有福。

六四：翩翩不富以其邻，不戒以孚。

六五：帝乙归妹，以祉元吉。

上六：城复于隍，勿用师，自邑告命，贞吝。

只要不畏艰辛、始终努力，就没有什么好后悔的，不要怀疑自己诚信的价值，生活过得去就可以算得上有福气。

六四爻，靠一张嘴巴夸夸其谈的人，是不会给周围的人带来好处的，但人们很容易失去戒心而相信了他。

六五爻，帝乙嫁妹，以求得福祉（政权稳固）和大吉。

上六爻，城墙倒于城壕，不是靠军队能解决的问题，只能从自己身上找原因，不停检讨过去（用人）的错误。

注释 ❶《泰》：卦名。本卦是异卦相叠，下乾（☰）上坤（☷）。乾代表天，为阳气；坤代表地，属阴气。在下的阳气轻，要上升；在上的阴气重，要下降。此卦一拍两合，你情我愿，天地交泰，所以卦名曰《泰》。❷小往大来：《周易正义》："阴去故'小往'，阴长故'大来'，以此吉而通。"❸茅茹：茅，茅草。茹，是根相连，相互牵连的意思。一时找不到甜根，茅草也要，茅草被拔起，甜根也跟着出来了。这和后来的筑黄金台、买死千里马出发点相同，是为了找到真正的人才。❹汇：类，同类。❺包荒：包，包容。荒，大荒，广大。

原文

《象》曰：《泰》，"小往大来，吉，亨"，则是天地交❶而万物通也，上下交❷而其志同也。

译文

《象辞》说：《泰》卦卦辞所说的"阴气和阳气你来我往，乐此不疲，吉祥亨通"，就是指天与地之气相交感，万物得以蓬勃生长；君上与臣下之意相交通，向着一个目标齐努力。

内阳而外阴❸，内健而外顺。内君子而外小人，君子道长，小人道消也。

其卦象又表示阳在内，阴在外，阳主动而阴顺从。也就是君子在朝内，小人在朝外，君子的影响不断扩大，小人的影响日趋减弱。

注释 ❶天地交：《泰》卦下乾上坤，是为天地交。❷上下交：上喻君，下喻臣（民）。《周易集解》引何妥曰："此明人事泰也。上之与下，犹君之与臣，君臣交相感，乃可以济养万民也。"❸内阳而外阴：卦象下卦（乾）为内卦，上卦（坤）为外卦。乾阳坤阴，是为内阳而外阴。

原文

《象》曰：天地交，泰。后❶以财❷成天地之道，辅相❸天地之宜，以左右❹民。

"拔茅，征吉"，志在外也。

"包荒，得尚于中行"，以光大也。

"无往不复"，天地际❺也。

"翩翩不富"，皆失实也，"不戒以孚"，中心愿也。

译文

《象辞》说：天地间阴阳相交，这就是《泰》卦的卦象。君王因此领悟到要合理运用天地相通的道理，辅助完成与万物有宜的天地大德，使百姓能各得其所。

（初九爻）"拔起茅草会牵动根，如此考虑问题来求取人才，吉利"，因为人才总是追求发展的。

（九二爻）"具有包容一切的宽广胸怀，大家都会围绕着中正行事"，这是因为其光明正大的行为影响了大家。

（九三爻）"有前进，也有退后"，是说天地是非常广阔的。

（六四爻）"夸夸其谈的人，不会带来好处"，因为他说的好处没一句是真的。"人们很容易失去戒心而相信了他"，是因为人们的内心很想得到好处。

上经 泰卦

"以祉元吉"，中以行愿也。

（六五爻）"以求得福祉和大吉"，是说想从这件事中达到另外的目的。

"城复于隍"，其命乱也。

（上六爻）"城墙倒于城壕"，是说他的目的并没有达到。

注释 ❶后：君王。❷财：读作"裁"，剪裁。原意是裁布制成衣服。❸相：辅佐的意思。❹左右：或左或右，各得其所。❺际：极，极处无所见，看不到边。

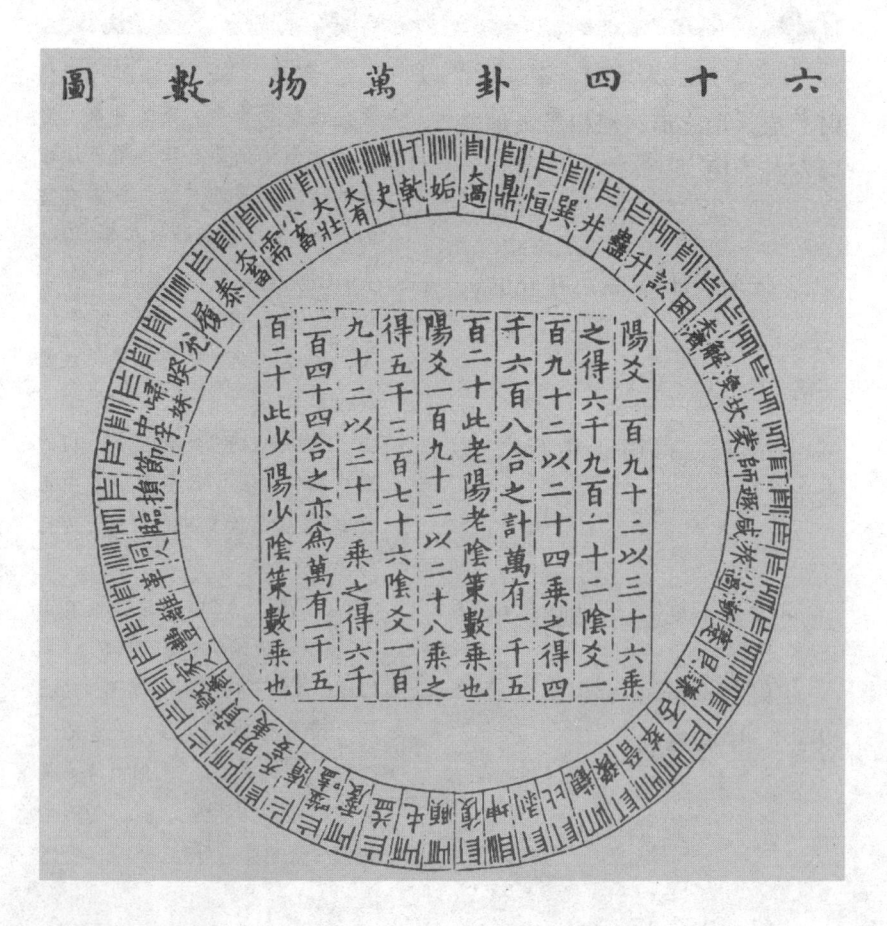

上九
九五
九四
六三
六二
初六

十二 否卦
（下坤上乾）

性情　性柔情刚　性顺情健

原文

《否》❶：否之匪人❷，不利君子贞❸，大往小来❹。

初六：拔茅茹❺，以其汇❻，贞吉亨❼。

六二：包承❽，小人吉，大人否亨。

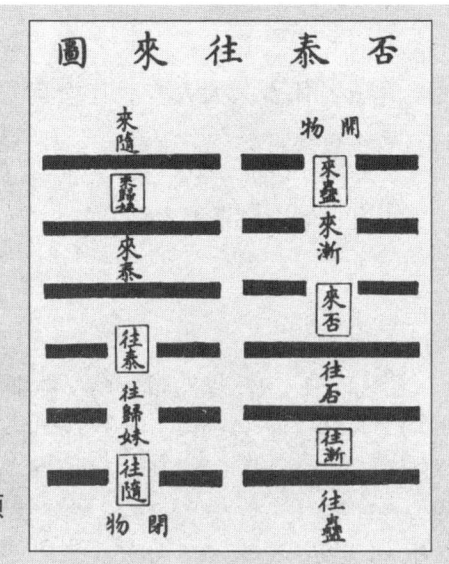

六三：包羞❾。

九四：有命❿无咎，畴离祉。

译文

《否》卦象征闭塞不通。黑暗闭塞的环境适合坏人，不利于坚守正道的君子，结果阳大离去了，阴小拢来了。

初六爻，拔起茅草会牵动根，说明事物是以类相连的，坚持自己的正道（以待时机），会有吉利亨通。

六二爻，围着（昏君）奉承，小人可获吉祥，但对"大人"来说，拒绝如此，才是通达。

六三爻，包容为非，终致羞辱。

九四爻，奉天命而行，没有

九五：休否，大人吉。其亡其亡，系于苞桑。

上九：倾否，先否后喜。

灾祸，正道同类集结的时候到了，幸福已经不远。

九五爻，闭塞不通被打开，大人获得吉祥。（小人）纷纷逃跑，被抓回来锁在根深难拔的桑树上。

上九爻，闭塞状态彻底结束，先前经历的是痛苦，往后将是欢乐。

注释 ❶《否》：否（pǐ），卦名。本卦是异卦相叠，下坤（☷）上乾（☰）。本卦结构正与《泰》卦相反，在上的阳气还要上升，在下的阴气还要下降，双方难以相接，各自越来越幽闭，万物不生，政治陷入黑暗，所以卦名曰《否》。❷匪人：匪，非。匪人，不是人，坏人。❸贞：正。❹大往小来：乾是外卦，往外，又是纯阳之卦，表示大，所以说"大往"。坤是内卦，向内，又是纯阴之卦，表示小，所以说"小来"。❺茅茹：茅，茅草。茹，是根相连，相互牵连的意思。❻汇：类，同类。❼亨：通达，此处是通达事理，保持不染。❽包承：包，包围，接受。承，奉承。❾包羞：包，包容。羞，羞辱。❿有命：有天命，即否极将变之规律。

原文

《象》曰，"否之匪人，不利君子贞，大往小来"，则是天地不交，而万物不通也；上下不交，而天下无邦❶也。

内阴而外阳，内柔而外刚。内小人而外君子，小人道长，君子道消也。

译文

《象辞》说，《否》卦卦辞所说的"黑暗闭塞的环境适合坏人，不利于坚守正道的君子，结果阳大离去了，阴小拢来了"，就是指天与地之气不能交感，万物不能生长；君上与臣下之意不能相通，天下混乱不成为国家。

其卦象又表示阴在内、阳在外，阴强而阳弱。也就是小人在朝内，君子在朝外，小人的影响不断扩大，君子的影响日趋减弱。

注释 ❶无邦：邦，邦国。无邦，邦不成邦，国不成国。

原文

《象》曰：天地不交，《否》。君子以俭❶德辟❷难，不可荣❸以禄。

"拔茅贞吉"，志在君也。

"大人否亨"，不乱群也。

"包羞"，位不当也❹。

"有命无咎"，志行也。

"大人"之"吉"，位正当也。

"否"终则"倾"，何可长也！

译文

《象辞》说：天地之气不能交感，时世闭塞不能畅通，这就是《否》卦之象。君子因此领悟到要收敛才华、避开泥沼，不以名利为荣耀。

（初六爻）"拔起茅草，坚持自己的正道，会有吉利亨通"，是说君子坚信有被明君发现的一天。

（六二爻）"大人拒绝如此，才是通达"，是说大人不会离开自己的同类而与群小为伍。

（六三爻）"包容为非，终致羞辱"，是说无德之人不配占据这个位置。

（九四爻）"奉天命而行，没有灾祸"，是说信念终于开始实现了。

（九五爻）"大人"获得的"吉祥"，是这个位置适合他。

（上九爻）"闭塞"到了极限必然"崩溃"，没有什么东西可以长久不变。

注释 ❶俭：约束、收敛。❷辟：通"避"。❸荣：通"营"，引申义为诱惑。❹位不当也："六三"是以阴爻居于阳位（三），所以是"处位不当"。上面的"九五"是以阳爻居于阳位，所以是"位正当"。

```
上九 ▬▬▬▬▬
九五 ▬▬▬▬▬
九四 ▬▬▬▬▬
九三 ▬▬▬▬▬
六二 ▬▬ ▬▬
初九 ▬▬▬▬▬
```

十三 同人卦
（下离上乾）

情性　情刚性柔　情健性明

原文

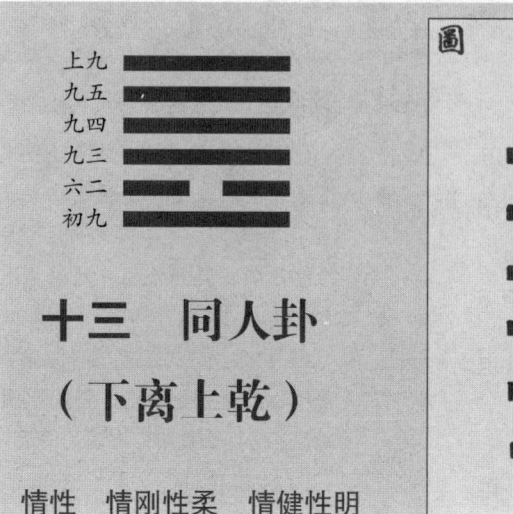

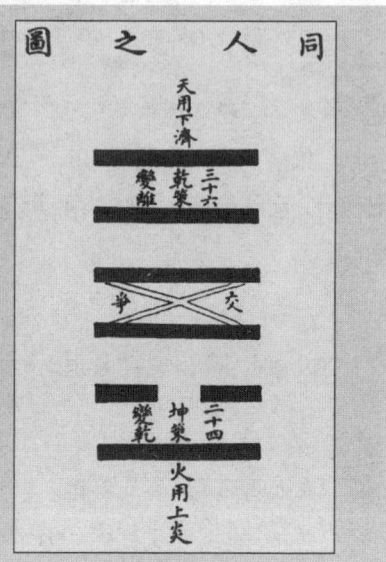

《同人》[1]：同人于野[2]，亨。利涉大川，利君子贞。

初九：同人于门[3]，无咎。

六二：同人于宗，吝。

九三：伏戎于莽，升其高陵，三岁不兴。

九四：乘其墉，弗克攻，吉。

九五：同人先号咷而后笑，大

译文

《同人》卦象征集合众人。集合众人于野外，所行将会亨通。有利于渡过大江大河，有利于君子坚守正道。

初九爻，集合众人于国门前，没有灾祸。

六二爻，集合众人于家族宗庙，太狭隘了。

九三爻，军队被阻止在边界丛林，双方争夺制高点，僵持了许多年。

九四爻，攻上了敌方的城墙，但不急于攻占全城，吉利。

九五爻，集合的众人先是发

师克相遇。

上九：同人于郊，无悔。

出号啕大哭的声音，接着发出放声大笑的声音，原来是各路大军出征告捷，胜利会师。

上九爻，集合众人于近郊，大家无怨无悔。

注释 ❶《同人》：卦名。本卦为异卦相叠，下离（☲）上乾（☰）。离为火，为臣民；乾为天，为君。此种卦象表明君处于上，而臣处于下，君王号令大众，大众拥戴其君。上天下火，喻君王居高临下，洞察民情，所行皆得体，臣民齐赞同。火光明，向上升，与天相同，故卦名曰《同人》。❷ 同人于野：同，会合，聚集。野，郊外之地。古代都城称国，国外为郊，郊外为野。❸ 同人于门：门，王门，国门。《周礼·司徒》："若国有大故，则致万民于王门。"大故，重大的变故，一般是爆发战争。部队先是在野外各方面集结而来，皇帝出城"誓师"，是为"同人于门"。

原文

《彖》曰：同人，柔得位得中❶而应乎乾❷，曰《同人》。

《同人》曰，"同人于野，亨，利涉大川"，乾行❸也。

文明以健，中正而应❹，"君子"正也。

唯君子为能通天下之志。

译文

《彖辞》说：集合众人，阴柔处在合适的位置、行为中正，而响应乾阳，这就是《同人》之象。

《同人》的卦辞说，"集合众人于野外，所行将会亨通。有利于渡过大江大河"，说的是代天而行。

光明磊落上合刚健，品性中正顺应天道，这就是守正不阿的"君子"。

只有君子能使众志成城，实现大家共同的愿望。

注释 ❶ 柔得位得中：柔指"六二"，是以阴爻居中位，表示柔顺，所以说"柔得位得中"。❷ 应乎乾：乾，健也，指"九五"，是以阳爻居中位，表示

上经 同人卦

乾阳,所以说"应乎乾"。❸ 乾行:《同人》卦以乾卦为上卦,有君临天下之象,亦即乾阳之道。❹ 文明以健,中正而应:下离为火,光明灿烂。健,刚健,指乾;中正,指二、五位正居中,阴阳相应。

原文

《象》曰:天与火❶,《同人》。君子以类族辩物❷。

出门"同人",又谁"咎"❸也?

"同人于宗","吝"道也。

"伏戎于莽",敌刚也。"三岁不兴",安行❹也?

"乘其墉",义"弗克"也;其"吉",则困而反则❺也。

"同人"之"先",以中直也。"大师相遇",言相"克"也。

"同人于郊",志未得也。

译文

《象辞》说:天下有火聚集,这就是《同人》的卦象。君子由此领悟到要通过分类来看待事物(找到可以依靠的力量来应对各种难关)。

(初九爻)在国门前"集合众人",这时有谁会害怕灾祸呢?

(六二爻)"集合众人于家族宗庙",是非常狭隘的选择。

(九三爻)"军队被阻止在边界丛林",是因为敌方还很强大。"僵持了许多年",是没有办法推进。

(九四爻)"攻上了敌方的城墙",好心停止攻占全城;这个"吉利"的举动,使被围困的敌人纷纷投诚。

(九五爻)"集合的众人"之所以先发出哭声,是因为内心情绪压抑不住地宣泄;"大部队会师",是说他们都打了胜仗。

(上九爻)"集合众人于近郊",是说(班师回朝)大多数人什么也没有得到(但大家都能无怨无悔)。

注释 ❶天与火：乾为天，离为火。❷类族辨物：类，用如动词，分析、区别。族，族类、种类。辨，通"辨"，辨别。物，物类，又统指物象人事。❸谁咎：国难当头，毁家纾难者比比皆是，誓师会上的"同人"，谁会为当兵打仗随时可能遇上的"灾祸"而害怕呢？❹安行：安，疑问副词，犹言怎能。行，推进。❺反则：反，反过来。则，规则、标准。意谓不再把过去的主子当主子了。

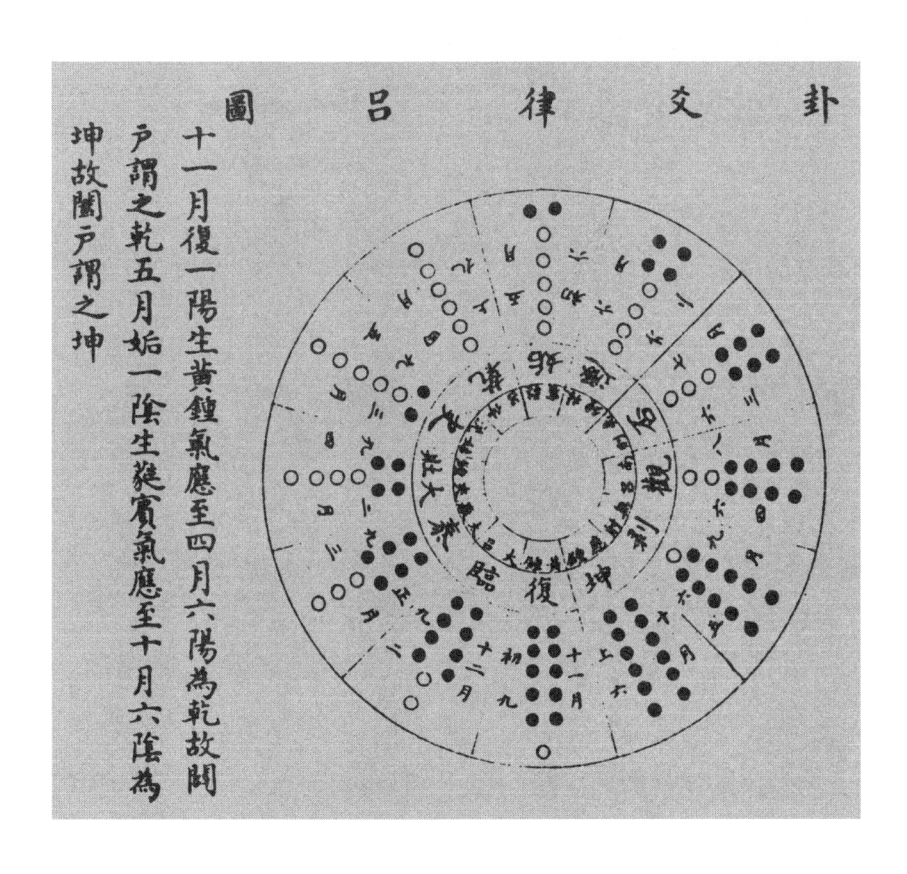

卦爻律吕图

十一月复一阳生黄钟气应至四月六阳为乾故辟
户谓之乾五月姤一阴生蕤宾气应至十月六阴为
坤故阖户谓之坤

上经　同人卦　57

十四 大有卦
（下乾上离）

情性　情柔性刚　情明性健

原文

《大有》❶：元亨。

初九：无交害❷，匪❸咎。艰则无咎。

九二：大车❹以载，有攸往，无咎。

九三：公用亨❺于天子，小人❻弗克。

九四：匪其彭，无咎。

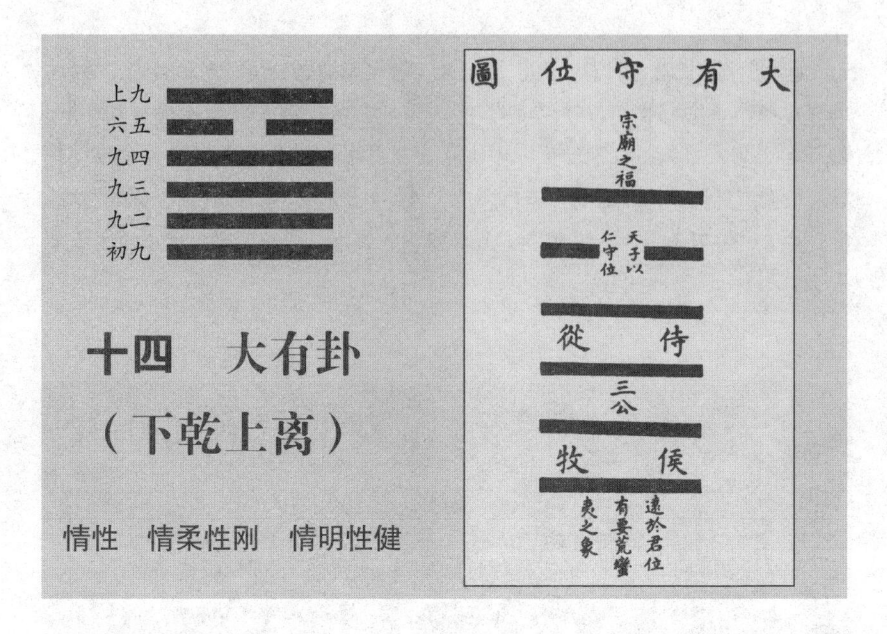

译文

《大有》卦象征丰富：大为亨通。

初九爻，没有干旱、洪涝等灾害，也没有人为的过错。（丰收的时刻）只有不忘艰难才能无过错。

九二爻，大车满载，有所前往（入库或交税），没有过错。

九三爻，（富裕的）王公大臣们饮食享用可以与天子相比，平民百姓不敢这样做。

九四爻，富而不骄，才不会有灾祸。

六五：厥孚交加，威如，吉。

上九：自天祐之，吉无不利。

六五爻，有地位者保持诚信与人交往，其威严并不因此而减少，吉利。

上九爻，来自"上天"的保佑，自然吉利，无往不利。

注释 ❶《大有》：卦名。本卦是异卦相叠，下乾（☰）上离（☲）。乾为天，离为火，卦象为天上一轮大太阳，光照充足。本卦一阴五阳，至尊（五）为阴，下有四阳，上有一阳，比喻政治清明、天下富裕，所以卦名曰《大有》。❷ 交害：交相害，灾害不断。无交害，即风调雨顺。❸ 匪：通"非"，不是。❹ 大车：马车。❺ 亨：享，飨。❻ 小人：小人物，指一般平民。

原文

《彖》曰：《大有》，柔得尊位❶大中❷而上下应之❸，曰"大有"。

其德刚健而文明，应乎天而时行，是以"元亨"。

译文

《彖辞》说：《大有》的卦象，表现为阴柔得处尊位，能够全面推行中和之德并得到了上下的响应，所以能称为"丰富"。

《大有》昭示的品德是建立在刚健基础上的灿烂光明，按照天道的要求顺时而动，所以"大为亨通"。

注释 ❶ 柔得尊位："六五"阴爻，性柔顺，居于上卦中位。❷ 大中：大，普遍；中，中和。❸ 上下应之："六五"阴爻居上卦中位，其余五阳爻上下呼应。

原文

《象》曰：火在天上❶，《大有》。君子以遏恶扬善❷，顺天休❸命。

译文

《象辞》说：太阳当空照耀，大地一派丰收景象，这就是《大有》的卦象。君子由此领悟到应当惩恶扬善，顺应上天之德，来实现自己的命运。

《大有》"初九","无交害也"。

"大车以载",积中❹不败也。

"公用亨于天子","小人"❺害也。

"匪其彭,无咎",明辩晢也。

"厥孚交如",信以发志也。"威如"之"吉",易而无备也。

《大有》上吉,"自天祐"也。

《大有》卦之"初九"爻,强调的是"什么灾害也没有"。

(九二爻)"大车满载"(入库),说的是(丰年)适量存粮(灾年)不会败事。

(九三爻)"王公大臣们饮食享用可以与天子相比",平民百姓如果这样做了,一定害怕得不得了。

(九四爻)"富而不骄,才不会有灾祸",说的是要把道理弄明白。

(六五爻)"有地位者保持诚信与人交往",说的是讲求信义有助于实现理想。所谓"其威严并不因此而减少"的"吉利",是说这样做不难也不累。

《大有》卦的上九爻还能吉利,原因就在"来自'上天'的保佑"。

注释 ❶火在天上:这是以《大有》的卦象为说的。《大有》是下乾上离,乾代表天,离代表火,所以说"火在天上",比喻太阳当空照耀,光照充足,促使五谷丰登。❷遏恶扬善:遏(è),制止。扬,表扬、发扬。天有秋杀春生之德,"君子以遏恶扬善"。❸休:完成。❹积中:积,存积。中,适量。❺小人:平民百姓。

```
上六 ▬▬ ▬▬
六五 ▬▬ ▬▬
六四 ▬▬ ▬▬
九三 ▬▬▬▬▬
六二 ▬▬ ▬▬
初六 ▬▬ ▬▬
```

十五 谦卦
（下艮上坤）

情性　情柔性刚　情顺性止

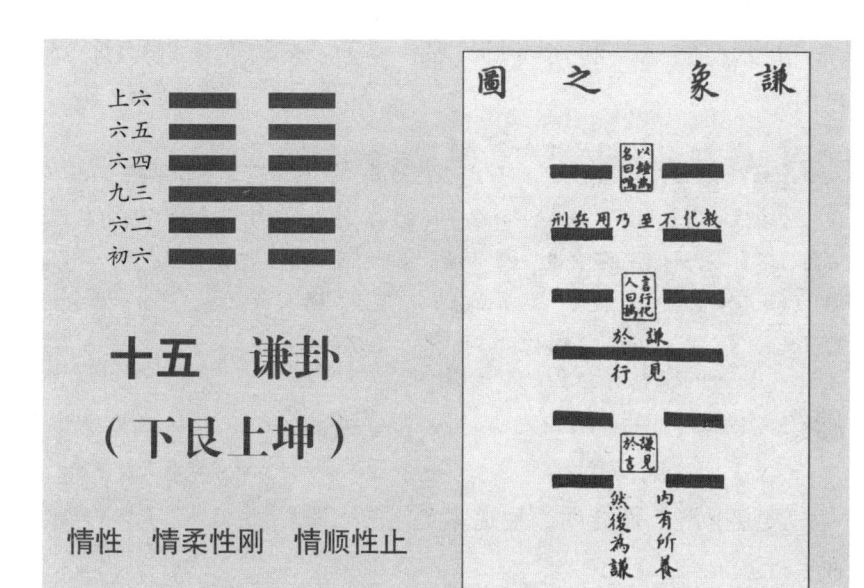

原文

《谦》❶：亨，君子有终。

初六：谦谦君子，用涉大川，吉。

六二：鸣谦，贞吉。

九三：劳谦❷，君子有终，吉。

六四：无不利，㧑❸谦。

六五：不富以❹其邻，利用侵伐❺，无不利。

译文

《谦》卦象征谦逊：可致亨通，君子始终保持这种美德。

初六爻，总是谦虚的君子，凭此美德，可以渡过（人生的）大江大河，吉利。

六二爻，讲话谦虚，持正不斜，一定吉利。

九三爻，行为谦让，君子始终如此，吉利。

六四爻，没有不利的原因，是能明白什么时候该奋勇向前，什么时候该谦虚退后。

六五爻，财富保不住是由于邻国的侵略，这时应（自卫反击）加以讨伐，没有不利。

上六：鸣谦，利用行师，征邑国。

上六爻，把谦虚的话讲在前面，然后出兵，征讨邻邑蛮国。

注释 ❶《谦》：卦名。本卦是异卦相叠，下艮（☶）上坤（☷）。艮为山，坤为地。高者在下，谦虚，才高而不自许，德高而不自矜，功高而不自居，名高而不自誉，位高而不自傲。❷劳谦：劳苦功高但并不归功于己。劳，劳作。❸扔（huī）：挥，举手投足，举动。❹以：因为。❺侵伐：侵，是敌对我，抢掠，使我"不富"。伐，是我对敌，讨伐，自卫反击。

原文

《彖》曰：谦，亨。

天道下济❶而光明，地道卑❷而上行。

天道亏盈而益谦，地道变盈而流谦，鬼神害盈而福谦，人道恶盈而好谦。

谦尊而光，卑而不可逾，"君子"之"终"也。

译文

《彖辞》说：谦逊必然亨通。

譬如天道，阳气下降普济万物，阳光下照到处明亮；譬如地道，卑顺处下，而使万物生长。

天之道"损有余而补不足"，地之道高处的水流向低下之处，连鬼神都是谋害满盈而福佑谦虚，所以人之道也应该摒弃骄满而乐于谦虚。

谦虚让尊贵者更有光彩，让卑下者赢得尊重，所以君子应始终保持谦虚。

注释 ❶济：周济、普济。❷卑：低。

原文

《象》曰：地中有山❶，《谦》。

君子以哀❷多益寡，称物平施。

译文

《象辞》说：地里面可以升起高山，这就是《谦》卦之象。

君子由此领悟到要削减多的，补充少的，以此作为评判事物的标准，使事物在平衡的基础上

"谦谦君子",卑以自牧❸也。

"鸣谦,贞吉",中心得也。

"劳谦,君子",万民服也。

"无不利,㧑谦",不违则也。

"利用侵伐",征不服也。

"鸣谦",志未得也,可"用行师","征邑国"也。

发展。

(初六爻)"总是谦虚的君子",他能够以谦卑的处世之道来时刻要求自己。

(六二爻)"讲话谦虚,持正不斜,一定吉利",是因为这样讲话别人心里容易接受。

(九三爻)"行为谦让,君子(始终如此)",百姓就会对他十分敬服。

(六四爻)"无有不利的原因,是能明白什么时候该奋勇向前,什么时候该谦虚退后",说的是不能违背大原则。

(六五爻)"这时应(自卫反击)加以讨伐",讨伐的只是那些顽固者。

(上六爻)"把谦虚的话讲在前面",如果还不能达到目的,就可以接着"出兵","征讨(这个)邻邑蛮国"。

注释 ❶地中有山:《谦》卦是下艮上坤,艮代表山,坤代表地。❷㧑(póu):通"掊",取也,取出、减少。❸自牧:《说文》:"牧,养牛人也。"牧,管理,约束,统率。自牧,自律也。

上经 谦卦

```
上六
六五
九四
六三
六二
初六
```

十六 豫卦
（下坤上震）

情性　情刚性柔　情动性顺

豫象之图

变则为晋
反身为宾

勤而静

如掌
贯发

静中静

未春而雷

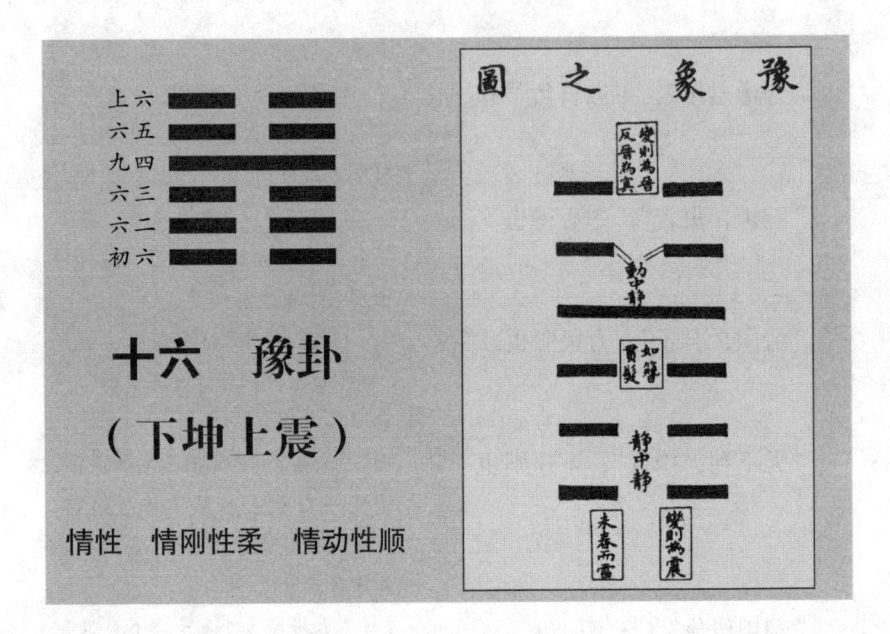

变则为震

原文

《豫》❶：利建侯行师。

初六：鸣豫❷，凶。

六二：介于石❸，不终日❹，贞吉。

六三：盱豫，悔。迟有悔。

九四：由豫，大有得。勿疑，朋盍簪。

六五：贞疾，恒不死。

译文

《豫》卦象征悠然自得：利于建立诸侯功业和兴兵作战。

初六爻，自鸣得意，会带来凶险（乐极生悲）。

六二爻，坚贞如石，每天都警诫自己不要耽于安逸，守正不斜，必获吉祥。

六三爻，阿谀奉承还悠然自得，总有一天会悔恨不已。悔恨迟了会有更多的悔恨。

九四爻，给予（众人）快乐，会大有所得。毫无疑问，朋友们都会愿意和你在一起。

六五爻，及时修正错误，就

上六：冥豫，成有渝，无咎。

能永远立于不败之地。

上六爻，醉生梦死贪图安逸，即将铸成大错前改正了，就不会有灾祸。

注释 ❶《豫》：卦名。本卦是异卦相叠。下坤（☷）上震（☳），坤代表地，震代表雷。古人所谓天暖之时，雷生于地，大地震动，万物破土萌芽。天寒之时，雷入于地，大地凝重，万物伏蛰潜藏。雷依时而出入，预示冬春之来临，所以卦名曰《豫》。❷ 鸣豫：自鸣得意。鸣，鸣叫。❸ 介于石：介，古文作"砎"，坚也。于，犹"如"。❹ 不终日：安逸不终日，每天都警诫自己的意思。

原文

《彖》曰：《豫》，刚应而志行❶，顺以动❷，豫。

《豫》顺以动，故天地如之，而况"建侯行师"乎！

天地以顺动，故日月不过，而四时不忒。

圣人以顺动，则刑罚清而民服。

《豫》之时义大矣哉！

译文

《彖辞》说：《豫》卦象征阳刚得到阴柔的应和，志向得以实现，这是一种顺时而动，所以悠然自得。

《豫》卦彰显了顺时而动的功用，天地的运行也是如此，（什么都可以顺利实现）何况"建立诸侯功业和兴兵作战"！

天地顺时而动，就能日月运行无误，且四季演变不差。

圣人顺时而动，就能使刑罚公正，百姓诚服。

《豫》卦时态的蕴含，真是丰富啊！

注释 ❶ 刚应而志行：《豫》卦六爻中只有"九四"这一个阳爻，其余五个阴爻上下围绕相应，亦即九四为卦主，五阴应之，五柔应一刚，所以说

上经　豫卦

是"刚应"。能刚应,当然能实现其志向。❷顺以动:这也是以《豫》卦的卦象为说的。《豫》卦下坤上震,坤代表顺从,震代表行动,所以说是"顺以动"。以,代表了统一的目标、时间、空间、数量和质量,所以说,《豫》之时义大矣哉"。

原文

《象》曰:雷出地奋❶,《豫》。先王以作乐崇德,殷荐❷之上帝,以配❸祖考❹。

"初六,鸣豫",志穷"凶"也。

"不终日,贞吉",以中正也。

"盱豫"有"悔",位不当也。

"由豫,大有得",志大行也。

"六五,贞疾",乘刚也;"恒不死",中未亡也。

"冥豫"在上,何可长也!

译文

《象辞》说:雷出地上,振奋万物,这就是《豫》卦之象。前代君王由此领悟到,创制音乐,推崇德治,一片诚心希望借此上通天帝(而获得福佑),光大祖先开创之基业。

"初六爻,自鸣得意",再无追求,所以"凶险"。

(六二爻)"每天都警诫自己不要耽于安逸,守正不斜,必获吉祥",原因就是持守了中正之道。

(六三爻)"阿谀奉承还悠然自得,总有一天会悔恨不已",因为这种人没有摆正人生的位置。

(九四爻)"给予(众人)快乐,会大有所得",是说其志向有更多的实现机会。

"六五爻,及时修正错误",依赖的是阳刚的辅佐;"永远立于不败之地"的基础在于持中不偏的原则立场不曾消失。

(上六爻)"醉生梦死贪图安逸"还想高居上位,怎么可能长久呢?

注释 ❶雷出地奋:《豫》卦下坤上震,坤代表地,震代表雷,所以说"雷出地奋"。❷殷荐:殷,殷勤。荐,介绍,沟通。❸配:德配,与祖先之德相配,不辜负祖先之期望。也有用与祖先身份相符的音乐来慰藉和歌颂祖先的意思,目的是获得祖先的福佑。❹祖考:这里泛指已逝的祖先。

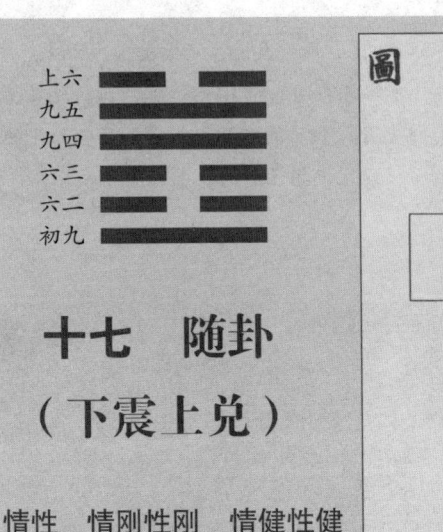

```
上六
九五
九四
六三
六二
初九
```

十七　随卦
（下震上兑）

情性　情刚性刚　情健性健

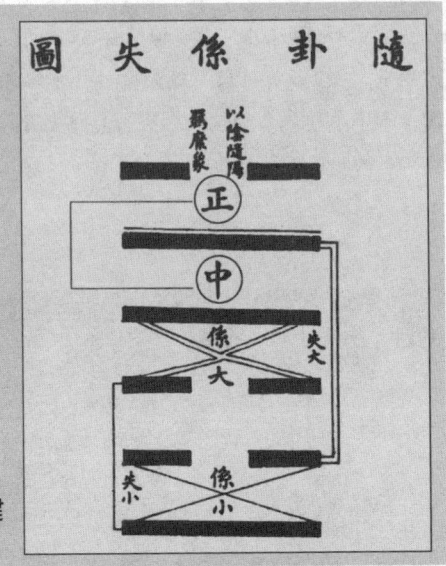

随卦係失圖

以陰隨陽
羁廉隨
正
中
係大
失大
像小
失小

原文

《随》❶：元亨，利贞，无咎。

初九：官❷有渝❸，贞吉，出门交有功。

六二：系❹小子，失丈夫❺。

六三：系丈夫，失小子。随有求得，利居贞。

九四：随有获，贞凶。有孚在道，以明，何咎？

译文

《随》卦象征随从嘉言懿行：大为亨通，有利坚守正道，没有过错。

初九爻，职位（服务的对象）有了变化，坚守正道会有吉祥，出门交友，容易立功。

六二爻，心系阴柔小子，就会失去阳刚丈夫。

六三爻，心系阳刚丈夫，则会远离阴柔小子。追随什么，就会得到什么，但最有利的莫过于自居正道。

九四爻，想通过追随获利，老是如此，凶险。保持诚信，迈九五：孚于嘉，吉。

上六：拘系之，乃从维之，王用亨于西山。

出每一步，每一步都表现了光明磊落，会有什么灾祸？

九五爻，真诚追随嘉言懿行，吉祥。

上六爻，强迫别人追随，就相当于把别人捆起来，（聪明的）君王则在西山设祭（号召群众）。

注释 ❶《随》：卦名。本卦为异卦相叠，下震（☳）上兑（☱），震义为动，兑义为悦。随，《说文》："从也。"❷官：有多种解释：通"馆"，住的地方；官吏，职务；"主"，阳主阴从等。❸渝：改变。❹系：向往之。❺小子、丈夫：阴为小，阳为大。

原文

《彖》曰：《随》，刚来而下柔❶，动而说❷，随。大❸"亨，贞，无咎"，而天下随时❹。随时之义大矣哉。

译文

《彖辞》说：《随》，表现虽具有阳刚之性而能谦居于阴柔之下，内主动而外随悦。非常明白地显示出"亨通，正道，没有过错"（的吉兆），因而能得到天下大众的时刻追随。"时刻追随"的蕴含该有多么丰富啊！

注释 ❶刚来而下柔：《随》卦下震上兑，震是阳卦，为刚；兑是阴卦，为柔，所以说是"刚来而下柔"。（八卦中阴爻多则为阳卦，阳爻多则为阴卦）另外，震卦和兑卦都是阳爻在下，也是"刚来而下柔"。❷动而说：震表示动，兑表示悦，震内兑外。内，在政治上象征朝廷，在一般时候象征核心圈子。❸大：大大的，容易看见的。❹随时：随时跟从。

原文

《象》曰：泽中有雷❶，《随》。君子以向晦❷入宴息❸。

译文

《象辞》说：冬天雷入泽中，万物蛰伏，这就是《随》卦之象。

君子由此领悟到到了晚上就应该进入房内安静地休息。

（初九爻）"职位有了变化"，只要随顺正道，自然"吉祥"；"出门交友，容易立功"，是说起码不少于原来的所得。

"官有渝"，从正，"吉"也；"出门交有功"，不失也。

（六二爻）"心系阴柔小子"，就不能再兼及其他了。

"系小子"，弗兼与也。

（六三爻）"心系阳刚丈夫"，便是有意放弃了下面的小子。

"系丈夫"，志舍下也。

（九四爻）"想通过追随获利"，这个出发点蕴藏着"凶险"；"保持诚信，迈出每一步"，"光明磊落"就真正落实了。

"随有获"，其义"凶"也；"有孚在道"，"明"功也。

（九五爻）"真诚追随嘉言懿行，吉祥"，是因为立于中正之道。

"孚于嘉，吉"，位正中也。

（上六爻）"强迫别人追随"，是因为在高位者想不出别的办法了。

"拘系之"，上穷也。

注释 ❶泽中有雷：《随》卦是下震上兑，震表示雷震，兑表示水泽，所以说"泽中有雷"。冬天无雷，似乎是蛰伏在泽中。《象辞》解《随》，侧重于春夏；《象辞》解《随》，侧重于秋冬。❷向晦：向，方向。晦，暗，日落。❸宴息：宴，安。息，休息。

十八　蛊卦
（下巽上艮）

情性　情刚性柔　情止性入

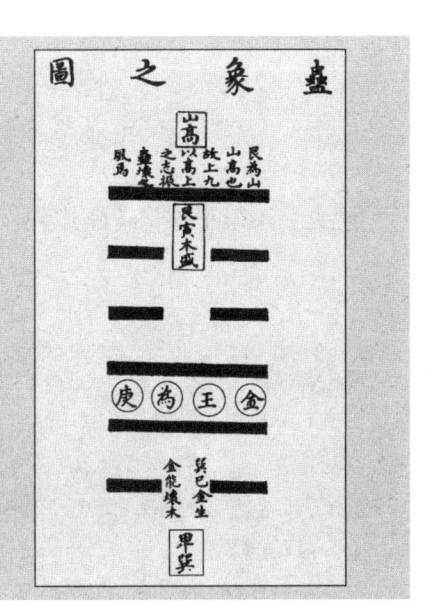

原文

《蛊》❶：元亨，利涉大川。先甲三日，后甲三日。❷

初六：干❸父之蛊❹，有子，考❺无咎。厉❻，终吉。

九二：干母之蛊，不可贞❼。

九三：干父之蛊，小有悔，无大咎。

六四：裕父之蛊，往见吝。

译文

《蛊》卦象征影响容易波及：大为亨通，有利于渡过大江大河。但时间必须限在此旬的第八天和下旬的第四天（这两天或这一段）。

初六爻，去除父亲用猛药后残留的余毒，有子如此，父亲没有灾祸。父亲一开始（用药）猛了一点，但结果还是吉祥。

九二爻，去除母亲用猛药后残留的余毒，结果就难以预测了。

九三爻，去除父亲用猛药后残留的余毒，会有一些小痛苦，但不会有大的灾祸。

六四爻，对父亲用猛药后残

六五：干父之蛊，用誉。

上九：不事王侯，高尚其事。

留的余毒听之任之，发展下去，问题就会很严重了。

六五爻，去除父亲用猛药后残留的余毒，此举值得称赞。

上九爻，不迁就王侯贵族的营求，为了更高的目标将清除余毒的工作进行到底。

注释 ❶《蛊》：卦名。本卦是异卦相叠，下巽（☴）上艮（☶），巽为风，艮为山。风行山下，风吹草偃，影响容易波及，所以卦名曰《蛊》。《广雅·释诂》："蛊，事也。"蛊易生事。只能在不得已的情况下短暂为之，所谓以毒攻毒，解毒下猛药。但这之后就需要花许多时间"调养"了，这就是"干"，甚至要到下一辈才能"干"彻底。❷先甲三日，后甲三日：先甲三日，即甲日前三天，即辛日。后甲三日，即甲日后三天，即丁日。❸干：树干，引为调正，理直，滤干，去除。❹蛊（gǔ）：父之蛊，就是余毒。❺考：先秦父在、父亡均可称考。❻厉：猛烈。❼贞：占卜。以男性为中心的社会，妇女没有地位，受到轻蔑歧视，女性如果占据了统治地位，就如同母鸡打鸣一样，被认为是大不吉利的事情，更何况下过猛药的女人，所以"不可贞"也，"干"的结果谁也说不清楚。

原文

《彖》曰：《蛊》，刚上而柔下❶，巽而止❷，蛊。

《蛊》"元亨"而天下治也。

"利涉大川"，往有事也。

"先甲三日，后甲三日"，终则有始，天行也。

译文

《彖辞》说：《蛊》的卦象，阳刚处于上，阴柔处于下，风顺山而来，影响无所不及。

《蛊》之"大为亨通"在于能够达到大乱大治。

"有利于渡过大江大河"，是说这样做有特殊的目的。

"时间必须限在此旬的第八天和下旬的第四天"，旧的局面结束了，新的局面就可以开始，如同天的运行一样。

注释 ❶ 刚上而柔下：《蛊》卦下巽上艮。巽是阴卦，表示阴柔；艮是阳卦，表示阳刚。❷ 巽而止：巽者，风也。止者，艮也。

原文

《象》曰：山下有风❶，《蛊》。君子以振民育德。

"干父之蛊"，意承考也。

"干母之蛊"，得中道也。

"干父之蛊"，终"无咎"也。

"裕父之蛊"，往未得也。

"干父，用誉"，承以德也。

"不事王侯"，志可则❷也。

译文

《象辞》说：山下有风吹过，这就是《蛊》卦之象。君子由此领悟到振奋民众、推广道德之法。

（初六爻）"去除父亲用猛药后残留的余毒"，意在把父亲的事业传承下去。

（九二爻）"去除母亲用猛药后残留的余毒"，则是要回归中正之道。

（九三爻）"去除父亲用猛药后残留的余毒"，最终的结果是"不会有大的灾祸"。

（六四爻）"对父亲用猛药后残留的余毒听之任之"，前途将一片黯淡。

（六五爻）"去除父亲用猛药后残留的余毒，此举值得称赞"，因为他把美德传承下来了。

（上九爻）"不迁就王侯贵族的营求"，这种勇气应该延续。

注释 ❶ 山下有风：《蛊》卦是下巽上艮，巽代表风，艮代表山。❷ 则：准则、榜样，以……为准则，效法，继续如此。

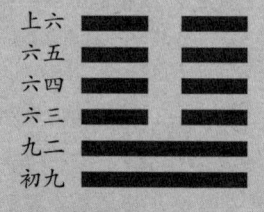

十九 临卦（下兑上坤）

情性　情柔性柔　情顺性悦

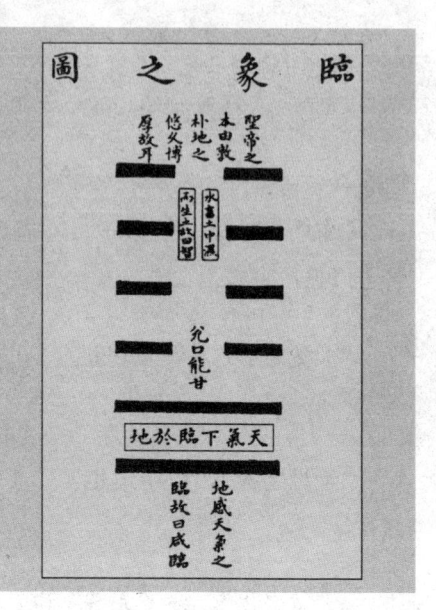

原文

《临》❶：元亨，利贞。至于八月有凶。❷

初九：咸临，贞吉。

九二：咸临，吉，无不利。

六三：甘❸临，无攸利。既忧之，无咎。

六四：至❹临，无咎。

六五：知临，大君之宜，吉。

译文

《临》卦象征统治。大为亨通，有利正道。但是到了八月，藏有凶险。

初九爻，通过感化的方法进行统治，坚持如此会有吉祥。

九二爻，通过感化的方法进行统治，吉祥，无所不利。

六三爻，通过给甜头的方法来进行统治，效果难以长久。如果开始为此犯愁（想新的办法），就不会再犯错。

六四爻，君王躬亲政事，没有过失。

六五爻，非常明智地处理政

上六：敦临，吉，无咎。

事，是大国之君应该具备的素质，吉祥。

上六爻，实行宽仁之治，吉祥，没有过失。

注释 ❶《临》：卦名。本卦为异卦相叠，下兑（☱）上坤（☷），兑为泽，为水；坤为地，为堤。堤岸高于大泽，大泽容于大地。比喻君临天下，包容万民，治理邦国。所以卦名曰《临》。"临"本义是由上往下看，居高临下之谓，有监督、领导、统治的意思。《国语·周语》贾适注："治也。" ❷ 至于八月有凶：《礼记·玉藻》："至于八月，不雨，君不举。"指有旱象，当属另外的占辞。易卦以至七而复（七日一阳来复、七月一阳来复、七年一阳来复）为天地运作的循环周期。阴阳二气各盛于七月，至第八个月则消退让位。天道如此，国运人事亦如此，盛衰有期，兴代不已。在易卦看来，元亨之贞，至于八月则转亨为凶，这是一种普遍的原则。❸ 甘：甜。❹ 至：到来，亲自参加。

原文

《彖》曰：《临》，刚浸而长❶，说❷而顺，刚中而应❸。

大亨以正，天之道也。

"至于八月有凶"，消❹不久也。

译文

《彖辞》说：《临》之卦象，阳刚之气正在成长，和悦而又顺畅，阳刚居中不偏而又得到阴柔的接应。

大为亨通就在于坚守正道，天道就是如此。

至于"到了八月，藏有凶险"，是说距离阳刚之气转弱的日子已经不远了。

注释 ❶ 刚浸而长：浸，渐也。《临》卦六个爻中最下的两爻是阳爻，以上都是阴爻，象征阳气正在升起。❷ 说：通"悦"，和悦，高兴。❸ 刚中而应："九二"是阳爻，"六五"是阴爻，下卦的中位与上卦的中位是刚柔相应，所以说"刚中而应"。❹ 消：阳减少。

上经　临卦

原文

《象》曰：泽上有地❶，《临》。君子以教思无穷❷，容保❸民无疆。

"咸临，贞吉"，志行正也。

"咸临，吉，无不利"，未顺命也。

"甘临"，位不当也。"既忧之"，"咎"不长也。

"至临，无咎"，位当也。

"大君之宜"，行中之谓也。

"敦临"之"吉"，志在内也。

译文

《象辞》说：水泽之上有高地，这就是《临》卦之象。君子由此领悟到应该最大限度地教育、关心、容纳和保护百姓。

（初九爻）"通过感化的方法进行统治，坚持如此会有吉祥"，因为他志向和方法都很正确。

（九二爻）"通过感化的方法进行统治，吉祥，无所不利"，是说有时命令解决不了问题。

（六三爻）"通过给甜头的方法来进行统治"，有人得寸进尺就不好办了。"如果开始为此犯愁"，错误就不会继续犯下去了。

（六四爻）"君王躬亲政事，没有过失"，是因为君王做了自己该做的事。

（六五爻）"大国之君应该具备的素质"，说的是他奉行了中正之道。

（上六爻）"实行宽仁之治"的所谓"吉祥"，是因为这种宽仁来自他的内心。

注释 ❶ 泽上有地：《临》卦下兑上坤，兑表示泽，坤表示地，河流湖泊在大地中。❷ 教思无穷：对老百姓尽可能地教导、关心。❸ 容保：容，容纳。保，保护。

二十　观卦
（下坤上巽）

情性　情柔性柔　情入性顺

原文

《观》①：盥②而不荐③，有孚颙④若⑤。

初六：童观⑥，小人无咎，君子吝⑦。

六二：闚⑧观，利女贞。

六三：观我生，进退。

六四：观国之光，利用宾于王。

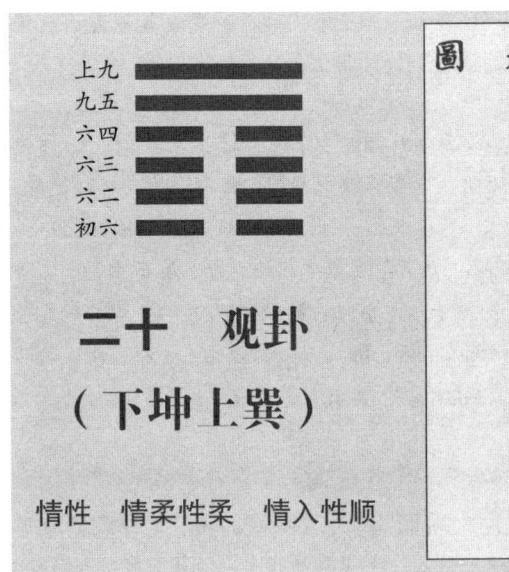

九五：观我生，君子无咎。

译文

《观》卦象征瞻仰：洗过手了，尚未献祭品，满怀虔诚，恭敬仰望。

初六爻，像儿童一样看问题，对于普通百姓来说不算过失，但对君子来说，就有些可悲了。

六二爻，从门缝偷看，对于（足不出户的）妇女来说，利于坚守正道。

六三爻，观察自己以往的政策得失，决定今后的进退。

六四爻，观察国家的成就，有利于当君王的上宾。

九五爻，观察自己以往的政策得失，君子可以没有过失。

上经　观卦

上九：观其生，君子无咎。

上九爻，观察其他人的政策得失，君子可以没有过失。

注释 ❶《观》：卦名。本卦为异卦相叠，下坤（☷）上巽（☴），坤为地，巽为风。风行大地，吹拂万物，喻君王巡视邦国，体察民情，施行德教，风化社会。观，仔细地看。《说文》："谛视也。"近看下看曰临，远看上看曰观。"九五"在尊位，被四个阴爻瞻仰："九五"也以中正的德行，展示于天下。所以命名为《观》。❷盥（guàn）：洗手，是祭祀前的必要程序。❸荐：奉献祭品。❹颙（yóng）：恭敬仰望。❺若：然。❻童观：好像儿童一样，粗浅而幼稚地观察。❼吝：艰难。❽窥（kuī）：窥，从孔穴或缝隙中偷看。

原文

《彖》曰：大观❶在上，顺而巽❷，中正以观天下❸，《观》。

"盥而不荐，有孚颙若"，下观❹而化❺也。

观天之神道，而四时不忒。

圣人以神道设教，而天下服矣。

译文

《彖辞》说：值得瞻仰的形象高高在上，以其和顺而又谦逊，秉持中正之道的品格，受到了天下臣民的仰望，这就是《观》卦之象。

"洗过手了，尚未献祭品，满怀虔诚，恭敬仰望"，是说天下臣民通过瞻仰受到了感化。

看天的运行，就具备如此的神圣道法，四季交替，从无差错。

圣人以神圣道法推行教化，所以天下臣民信服。

注释 ❶大观：指上面两个阳爻，以喻君子是天下仰观的对象。❷顺而巽：《观》卦下坤上巽，坤代表柔顺，巽代表谦逊，所以说"顺而巽"。❸中正以观天下：中，内卦和外卦的中央位置，即二位和五位。正，在各自的位上有相应的爻，即在奇数位上有阳爻，在偶数位上有阴爻。中正，就是二者兼而得之。此卦的"九五"和"六二"都符合中正之象。中正是解释卦象反复强调的问题。以观，以前述品格被观。❹下观：由下观之。❺化：教化、感化。

原文

《象》曰：风行地上❶，《观》。先王以省❷方❸，观民设教。

"初六，童观"，"小人"道也。

"闚观，女贞"，亦可丑也。

"观我生，进退"，未失道也。

"观国之光"，尚❹"宾"也。

"观我生"，观民也。

"观其生"，志未平❺也。

译文

《象辞》说：风吹拂着大地，这就是《观》卦之象。先代君王因此有所领悟而巡视各方，体察民情，推行教化。

"初六爻，像儿童一样看问题"，是"普通百姓"的做法。

（六二爻）"从门缝偷看，（虽然）符合女子的正道"，但也有些可耻。

（六三爻）"观察自己以往的政策得失，决定今后的进退"，是说没有失去基本的准则。

（六四爻）"观察国家的成就"，是说国家能够尊重"宾客"。

（九五爻）"观察自己以往的政策得失"，是要看这政策对老百姓的影响。

（上九爻）"观察其他人的政策得失"，表明自己还要向更高的目标努力。

注释 ❶风行地上：《观》卦下坤上巽，坤代表地，巽代表风。❷省：查看，视察。❸方：各方，各个邦国，亦即天下各地。❹尚：推崇，尊重。❺平：平息。

上九 ䷔
六五
九四
六三
六二
初九

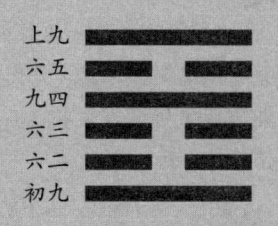

二十一 噬嗑卦
（下震上离）

情性　情柔性刚　情明性动

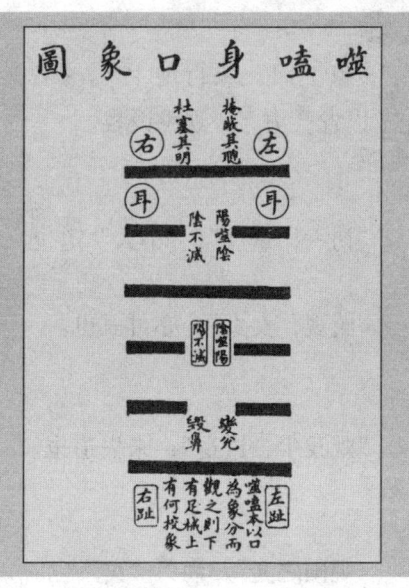

原文

《噬嗑》❶：亨❷，利用狱❸。

初九：屦❹校❺灭❻趾❼，无咎。

六二：噬肤灭鼻，无咎。

六三：噬腊肉，遇毒，小吝，无咎。

九四：噬干肺，得金矢，利艰贞，吉。

译文

《噬嗑》卦象征刑罚：亨通，利于用来治狱。

初九爻，脚套刑具（枷刑），脚趾都看不见了，避免了他犯更大的错误。

六二爻，皮肤被刺字（黥刑），鼻子被割掉（劓刑），避免了他犯更大的错误。

六三爻，搜寻到了"腊肉"，发现是中毒而亡，（破案）小有麻烦，但不会有大过。

九四爻，搜寻到了"带骨的干肉"，发现骨头中有金属箭头，有利（破案），虽然还很艰难，但六五：噬干肉，得黄金，贞厉，无咎。

上九：何校灭耳，凶。

坚持下去，一定吉祥。

六五爻，搜寻到了"干肉"，发现了生锈的金属箭头，坚持猛追下去，没有过错。

上九爻，肩上扛着大枷（重罪），耳朵也被磨破了，结局凶险。

注释 ❶《噬嗑》(shì hé)：卦名。噬之本义是用牙齿咬物，嗑的本义是上下颚合拢。本卦为异卦相叠，下震（☳）上离（☲），震为阳卦，离为阴卦。阴阳相交，刚柔相济。像刚齿破物，柔舌试味，齿舌配合，去粗取精，去伪存真，所以卦名曰《噬嗑》，即尝试、咀嚼。象征刑侦、刑罚、治狱。❷ 亨：亨通。❸ 用狱：指各种狱讼之事。❹ 屦（jù）：鞋，套上。❺ 校（jiào）：桎梏，木制囚人的刑具，加于颈者谓之枷，加于手者谓之梏，加于足者谓之桎。❻ 灭：没，遮住。❼ 趾：足趾。

原文

《象》曰：颐❶中有物曰"噬嗑"。

《噬嗑》而"亨"，刚柔分❷，动而明，雷电合而章❸。

柔得中而上行❹，虽不当位，"利用狱"也。

译文

《象辞》说：嘴里咬着食物，就叫作"噬嗑"。

《噬嗑》的"亨通"，在于刚柔先各就各位，然后非常明确地指向目标迅速行动，犹如雷鸣电闪般一击而中，毫不含糊。

阴柔得到了中位，然后又上到了至尊之位，虽不太适合，但"利于用来治狱"。

注释 ❶ 颐：面孔上的两颊部位或两腮部位，此指嘴。❷ 刚柔分：本卦六爻之中，三阳爻三阴爻，所以说"刚柔分"。在嘴中，也可以说牙齿是刚，舌、唇是柔。❸ 动而明，雷电合而章：《噬嗑》卦下震上离，震表示雷，表示动；离表示电,表示明。章,通"彰",彰显。❹柔得中而上行:"六二"居下卦之中位,"六五"居上卦之中位,作为阴爻,居二(偶数阴)当位,居五(奇数阳)不当位。

原文

《象》曰:雷电,《噬嗑》。先王以明罚敕❶法。

"屦校灭趾",不行❷也。

"噬肤灭鼻",乘刚❸也。

"遇毒",位不当❹也。

"利艰贞,吉",未光也。

"贞厉,无咎",得当也。

"何校灭耳",聪❺不明也。

译文

《象辞》说:雷电合,就是《噬嗑》卦之象。前代的君王借以明确刑罚,整理法令。

(初九爻)"脚套刑具(枷刑),脚趾都看不见了",是为了限制其行动(不再做坏事)。

(六二爻)"皮肤被刺字(黥刑),鼻子被割掉(劓刑)",是为了制服强硬的罪犯。

(六三爻)"发现是中毒而亡",但没有很好处理(所以"小吝")。

(九四爻)"有利(破案),虽然还很艰难,但坚持下去,一定吉祥",不过目前还有一些东西没弄清楚。

(六五爻)"坚持猛追下去,没有过错",这样处理非常得当。

(上九爻)"肩上扛着大枷(重罪),耳朵也被磨破了",只怪他当初耳朵被蒙蔽了。

注释 ❶敕(chì):整理。❷不行:不能行动。❸乘刚:"初九"是阳爻,"六二"以阴爻居于"初九"之上,所以是"乘刚"。❹位不当:"六三"阴爻居阳位(奇数位)。❺聪:听觉。

上九
六五
六四
九三
六二
初九

二十二 贲卦
（下离上艮）

性情　性柔刚情　性明止情

贲天文之图

天
文　日月运行之象
日　月
光　受

原文

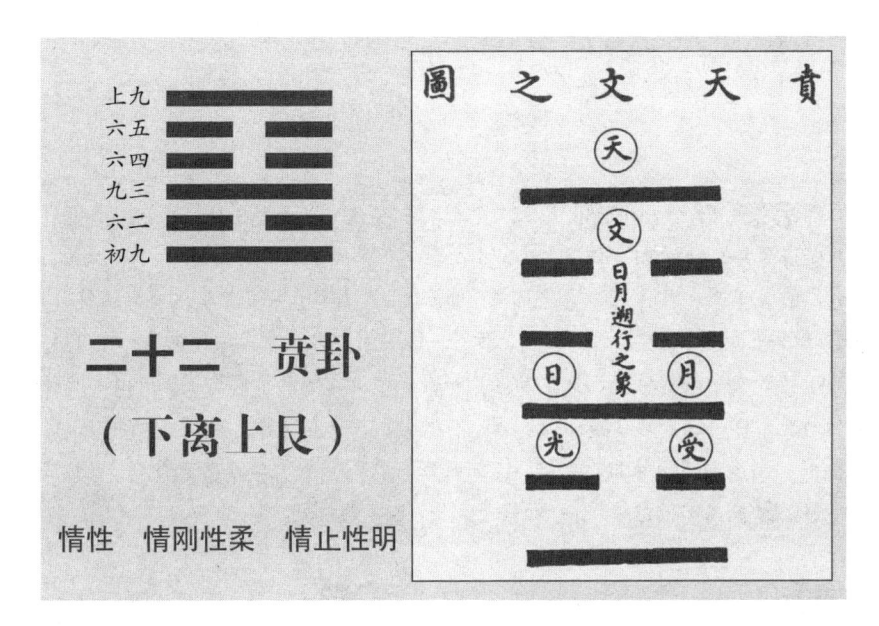

《贲》❶：亨，小利有攸往❷。

初九：贲其趾❸，舍车而徒❹。

六二：贲其须❺。

九三：贲如濡如，永贞❻吉。

六四：贲如皤❼如，白马翰❽如，匪寇婚媾。

六五：贲于丘园，束帛❾戋戋❿，吝，终吉。

译文

《贲》卦象征修饰：亨通，尽量修饰一下有利于前往目的地。

初九爻，（女子）脚上穿着美丽的绣花鞋，不坐车子，徒步而行。

六二爻，（男子）修饰自己的胡须。

九三爻，盛装打扮，光泽照人，永远如此，吉祥。

六四爻，盛装打扮，似一片白云，骑着白马飞驰而来，不是强盗，而是求婚。

六五爻，精心装饰家园，家中只有少许丝帛，不够用，但结

上经　贲卦

上九：白贲，无咎。

果吉祥。

上九爻，洁白一新的装饰，没有过失。

> **注释** ❶《贲》(bì)：卦名。贲之本义，《说文》和《序卦》都说："饰也。"装饰得豪华。❷小利有攸往：小，小小，少花时间、赶时间的意思。攸（yōu），所。❸贲其趾：贲，装饰。趾，脚。用花纹去修饰脚，即是穿着漂亮的绣花鞋。❹舍车而徒：舍，弃。徒，徒步、步行。❺须：胡须。贲其须，就是修饰胡须，为了接近女子而打扮自己。这时男子和女子可能已经互相认识了，所以才有往后的直奔目的地抢婚。❻永贞：永，长久。贞，一直这样。❼皤（pó）：洁白。❽翰：鸟高飞。❾束帛：丝织品，五匹为一"束"。整个婚礼办下来，一束丝帛不够。❿戋戋（jiān）：少、小的样子。是"残"的初文。

原文

《彖》曰：《贲》："亨。"❶

柔来而文刚❷，故"亨"。

分刚上而文柔❸，故"小利有攸往"。

刚柔交错，天文❹也。文明以止❺，人文❻也。

观乎天文以察时变，观乎人文以化成天下。

译文

《彖辞》说：《贲》卦，亨通。

因为是柔顺来辅佐阳刚，所以"亨通"。

卦象就分为上刚而下柔，柔顺装饰阳刚，所以要"尽量修饰一下有利于前往目的地"。

刚柔交错是天象的修饰符号。懂得了这个符号并接受了下来，就成了人的修饰符号了。

观察天象符号，可以察觉和掌握时节的变化；观察人伦符号，可以完成对天下百姓的教化。

> **注释** ❶亨：亨通顺利。❷柔来而文刚：这是以《贲》卦的卦象为说的。八卦中阳爻多的是阴卦，阴爻多的是阳卦。《贲》卦下离上艮，离是阴卦，代表柔；艮是阳卦，代表刚。"文"，饰也，文彩。❸分刚上而文柔：分，指刚柔分。

《贲》卦下离上艮，一阴一阳，这是刚柔分。全卦六爻，三阳爻，三阴爻，又是刚柔分。❹天文：天地变化的表象、特征，表现符号。❺明以止：明，明白。止，接受下来。离代表明，艮代表止。❻人文：人伦的符号。

原文

《象》曰：山下有火，《贲》。君子以明庶政，无敢折狱。

"舍车而徒"，义弗乘也。

"贲其须"，与上兴也。

"永贞之吉"，终莫之陵也。

"六四"，当位疑也；"匪寇婚媾"，终无尤也。

"六五"之"吉"，有喜也。

"白贲，无咎"，上得志也。

译文

《象辞》说：山下有火焰（烟雾），这就是《贲》卦之象。君子借以明察日常政务，非常小心审理案件（尽量不要被矫饰的文辞蒙蔽）。

（初九爻）"不坐车子，徒步而行"，是故意不坐车（享受一下美丽的新鞋）。

（六二爻）"修饰自己的胡须"，是为了让（女方）长辈感到高兴。

（九三爻）"永远如此"的所谓"吉祥"，是说她会一直受到宠爱，不被欺负。

"六四爻"，地位能否得到尊重心里还有些打鼓，当明白"不是强盗，而是求婚"后，终于一切顺利。

"六五爻"的"吉祥"，是喜事临门了。

（上九爻）"洁白一新的装饰，没有过失"，是说做长辈的也感到称心如意。

上九
六五
六四
六三
六二
初六

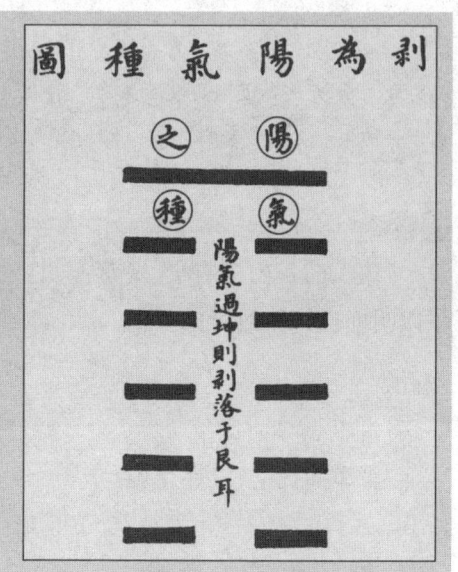

二十三 剥卦
（下坤上艮）

情性　情刚性柔　情正性顺

剥為陽氣種之圖
陽氣過坤則剥落于艮耳

原文

《剥》❶：不利有攸往。

初六：剥床以❷足，蔑❸，贞凶。

六二：剥床以辨❹，蔑，贞凶。

六三：剥之❺，无咎。

六四：剥床以肤❻，凶。

六五：贯鱼❼以宫人宠❽，无不利。

译文

《剥》卦象征剥落：不利于有所前往。

初六爻，大床剥落，床足先腐，无视这个现象，长期如此，将有凶险。

六二爻，大床剥落，已到栏板，无视这个现象，长期如此，将有凶险。

六三爻，（如果这时）剥换床已腐烂部分，没有灾祸。

六四爻，大床所有的表面都开始腐化了，凶险无比。

六五爻，少女们鱼贯入宫，等着被新君宠幸，（新的开始）无有不利。

上九：硕果不食，君子得舆。小人剥庐❾。

上九爻，栽树不是为了吃上面的大果实，（除了修房子）君子还用木料做成车辆。而小人（无木料可用）连已有的房子也塌了。

注释 ❶《剥》：卦名。本卦是异卦相叠，下坤（☷）上艮（☶），坤代表地，艮代表山。高山屹立于大地，历经了风雨侵蚀，山石剥落，世事变迁。❷以：犹"之"。王弼注："犹云剥床之足也。"❸蔑：蔑视。❹辨：是床板的下方，床脚的上方部位，成栏板，雕饰花纹。❺剥之：主人的行为，剥掉已腐烂部分，换上新的。❻肤：表面。❼贯鱼：鱼贯，像游鱼一样一个挨着一个，指大规模选妃，一般发生在新君初立时。❽宠：宠幸。❾剥庐：剥，剥落，倒塌。庐，草房，房屋。

原文

《彖》曰：《剥》，剥也，柔变刚❶也。

"不利有攸往"，小人长❷也。

顺而止之❸，观象也。

君子尚消息❹盈虚，天行也。

译文

《彖辞》说：《剥》卦，说的是剥落，柔嫩变成了阳枯之象。

"不利于有所前往"，因为小人正得势。

顺应形势，静止无为，这是观察卦象得出的结论。

君子服从阴阳消长盈虚的转变规律，因为这反映了天道的运行规律。

注释 ❶柔变刚：《剥》卦六爻，下五阴转成了上一阳。一阳在下（起点）是生，在上（终点）是死。老子说："人之生也柔弱，其死也坚强。万物草木之生也柔脆，其死也枯槁……强大处下，柔弱处上。"（《老子》第七十六章）❷小人长（zhǎng）：这是以阴强阳弱的卦象比喻人事，说卑鄙小人的力量在向上发展。❸顺而止之：这也是以卦象为说的。《剥》卦是坤下艮上，坤表示顺，艮表示止，故曰"顺而止之"。❹尚消息：尚，崇尚，遵循。消，消散，消亡。息，生长。

上经 剥卦

原文

《象》曰：山附于地，《剥》。上以厚下❶，安宅。

"剥床以足"，以灭下也。

"剥床以辨"，未有与❷也。

"剥之，无咎"，失上下也❸。

"剥床以肤"，切近灾也。

"以宫人宠"，终无尤❹也。

"君子得舆"，民所载也。"小人剥庐"，终不可用也。

译文

《象辞》说：山崩塌于地，这就是《剥》卦之象。（昭示）高房子必须把基础打扎实，才可以安然无恙。

（初六爻）"大床剥落，床足先腐"，是说毁灭都是从基础开始的。

（六二爻）"大床剥落，已到栏板"，是说没有采取措施整改。

（六三爻）"剥换床已腐烂部分，没有灾祸"，是说（此爻）摆脱了上下左右（群小）的影响。

（六四爻）"大床所有的表面都开始腐化了"，是说灾难就要临头了。

（六五爻）"入宫等着被新君宠幸"，是说（王朝）终于度过了危机。

（上九爻）"君子还用木料做成车辆"，是说真正承载君子的是民众。"小人连已有的房子也塌了"，是说小人最终无听他支配的人。

注释 ❶上以厚下：上，屋顶，喻朝廷。厚，厚实，牢固。下，墙基，喻民众。❷与：予，予以解决。❸失上下也：下卦"六三"虽是阴爻，但正与上卦的"上九"爻阴阳相应，这在《剥》卦的五个阴爻中是与众不同的，也就与其他四个阴爻的作用不同，独立其间，故曰"失上下也"。荀爽说："众皆剥阳，三独应之，无剥害意，是以无咎。"❹尤：灾异，过失。王朝没有被颠覆，下代新君立，所以"终无尤也"。

```
上六 ▬▬ ▬▬
六五 ▬▬ ▬▬
六四 ▬▬ ▬▬
六三 ▬▬ ▬▬
六二 ▬▬ ▬▬
初九 ▬▬▬▬▬
```

二十四 复卦
（下震上坤）

情性　情柔性刚　情顺性动

復七日圖

乾坤交於亥而生陽於子
老陰數六少陽數七
數中於五六成於十遇則為七與一焉

原文

《复》❶：亨。出入无疾❷，朋来无咎。

反❸复其道，七日来复❹。利有攸往。

初九：不远复，无祗❺悔，元吉。

六二：休复，吉。

六三：频复，厉，无咎。

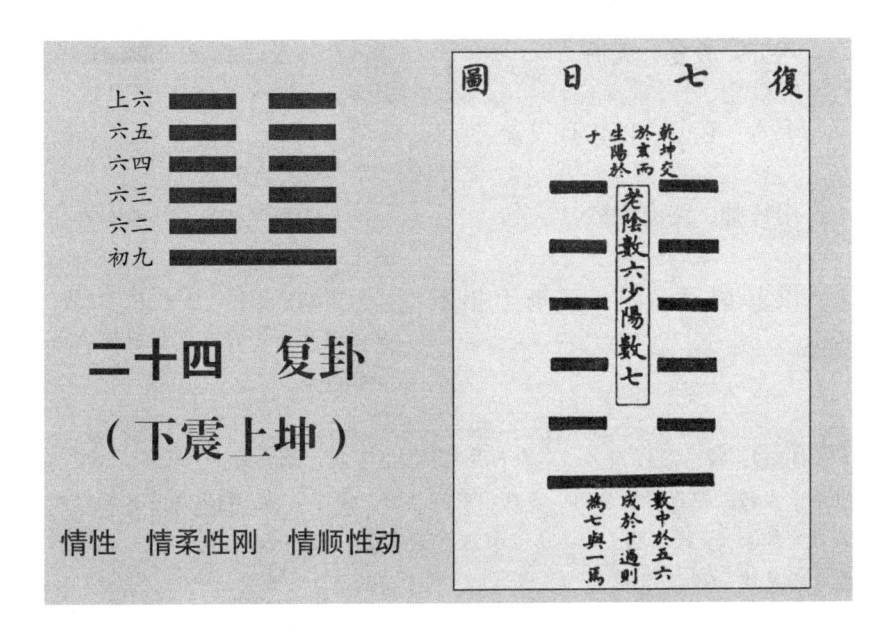

六四：中行独复。

译文

《复》卦象征阳气复生：亨通。出入平安，交友无害。

它遵循循环往复的规律，以七天（月、年）为一个周期。利于前往目的地。

初九爻，不走远即返回（不能七以上），就没有根本性的错误，大吉。

六二爻，圆满而归，吉祥。

六三爻，皱眉而归，虽有麻烦，终无过失。

六四爻，持中而行，独自返回。

上经　复卦

六五：敦复，无悔。

上六：迷复，凶，有灾眚。

用行师，终有大败。

以其国君，凶，至于十年不克征。

六五爻，稳重而归，没有后悔。

上六爻，迷不知归，凶险，会有天灾人祸发生。

如果兴兵征战，结果会有一场大败。

国家让这种人当君王，凶险，甚至可能有十年之久的时间丧失作战能力。

注释 ①《复》：卦名。本卦为异卦相叠，下震（☳）上坤（☷），震为阳、为动、为内，坤为阴、为顺、为外。内阳外阴，循序运动，往返无穷，所以卦名曰《复》。②疾：病之轻微者。③反：通"返"。④七日来复："七"是天地循环的周期。⑤祗（zhī）：大。"初九"是本卦的主爻，在卦的开始，象征事物在刚开始时，就是有过失，也不会严重，能够改善。

原文

《彖》曰：《复》，"亨"①，刚反②，动而以顺行③，是以"出入无疾，朋来无咎"。

"反复其道，七日来复"，天行也。"利有攸往"，刚长也。《复》，其见天地之心乎？

译文

《彖辞》说：《复》卦之象，"亨通"，阳刚循环往复，运动不已且顺应规律，所以"出入平安，交友无害"。

"它遵循规律，以七天（月、年）为一个周期"，如同天的运行一样。"利于前往目的地"，因为阳刚之气日益增长。《复》卦之象，不就是展现了天地的内在本质吗？

注释 ①亨：通。②刚反：反，通"返"。这是以《复》卦的卦象为说的。《复》卦下震上坤，震是阳卦，为刚；坤是阴卦，为柔。按下为内、上为外的原理，就是刚返于内，故曰"刚反"。整个卦象是一阳生，通过不断的反复，就壮大起来了。③动而以顺行：震代表动，坤代表顺，故曰"动而以顺行"。

原文

《象》曰：雷在地中❶，《复》。先王以至日❷闭关❸，商旅不行，后不省方❹。

"不远"之"复"，以修❺身也。

"休复"之"吉"，以下❻仁也。

"频复"之"厉"，义"无咎"也。

"中行独复"，以从道也。

"敦复无悔"，中以自考也。

"迷复"之"凶"，反君道也。

译文

《象辞》说：雷潜藏于地下，这就是《复》卦之象。前代君王由此有所领悟，到了冬至这一天闭关静养，商贾旅客也暂不出门，君王也暂不出外巡视各地。

（初九爻）"不走远"的所谓"回归"，目的是修身养性。

（六二爻）"圆满而归"的所谓"吉祥"，是因为让位给了贤人。

（六三爻）"皱眉而归"的所谓"麻烦"，在道理上"终无过失"。

（六四爻）"持中而行，独自返回"，说的是他遵循了正道。

（六五爻）"稳重而归，没有后悔"，是因为经过了中正之道的自我检验。

（上六爻）"迷不知归"的所谓"凶险"，是说他违反了（象天而行的）为君之道。

注释 ❶雷在地中：《象》卦是下震上坤，震代表雷，坤代表地，故曰"雷在地中"。❷至日：冬至之日。❸闭关：关闭关口，修道之人指停止与外界的往来，闭关修炼。❹后不省方：后，泛指君王，与上文"王"同意。省，视察。方，邦国，指天下各地。这两句承上句义，再申天下静养以助微阳回复之理。❺修：修身养性。❻下：作动词用，让位给接替的人。

上经 复卦 91

上九
九五
九四
六三
六二
初九

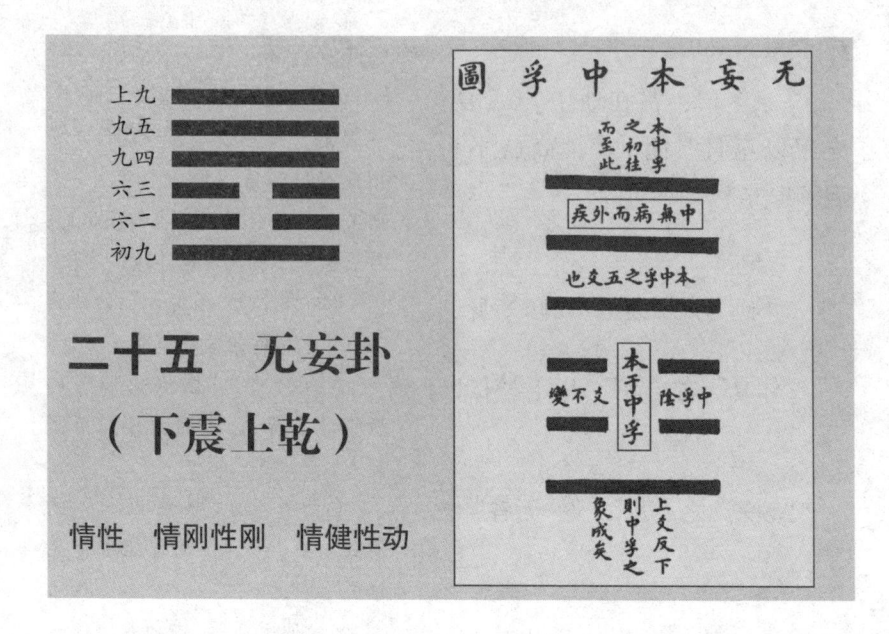

二十五 无妄卦
（下震上乾）

情性　情刚性刚　情健性动

原文

《无妄》❶：元，亨，利，贞。其匪正有眚❷，不利有攸往。

初九：无妄，往吉❸。

六二：不耕，获；不菑❹，畬❺。则利有攸往？

六三：无妄之灾，或系之牛，行人之得，邑人之灾。

九四：可贞，无咎。

译文

《无妄》卦象征按规律办事：元始，亨通，利和，贞正。如果不按正道办事，就会有祸殃发生，不利于有所前往。

初九爻，不肆意妄为，前途必然吉祥。

六二爻，没有耕种，就得到了收获；没有开荒，就拥有了良田。这样如何能利于有所前往？

六三爻，没有妄为也可能遇到灾害，例如把牛系在路边，被路过的人顺手牵跑了，村里乡亲就遭灾了。

九四爻，能守正道，没有灾祸。

九五：无妄之疾，勿药有喜。

上九：无妄行，有眚，无攸利。

九五爻，没有妄为也可能得病，不要慌着吃药，或许自可痊愈。

上九爻，不要胡作妄为，为之将有灾害，没有好处。

注释 ❶《无妄》：卦名。本卦为异卦相叠，下震（☳）上乾（☰），震为雷、为刚、为动，乾为天、为刚、为健。动健相辅，阳刚充沛。天空鸣雷，震动万物，人心振奋，大有作为。但尤须遵循正道，不可妄为，所以卦名曰《无妄》。《说文》："妄，乱也。"老子说："夫物芸芸，各复归其根。归根曰静，静曰复命。复命曰常，知常曰明。不知常，妄作凶。"（《老子》第十六章）❷ 匪正有眚：匪，通"非"，不。眚（shěng），目生翳，疾病，祸殃。❸ 往吉：指"初九"以阳居《无妄》之始，处阴柔之下，有谦恭不妄为之象，故"往吉"。❹ 菑（zī）：新开荒地。❺ 畬（yú）：整治了的熟地。

原文

《彖》曰：《无妄》，刚自外来❶而为主于内❷，动而健❸，刚中而应❹，大亨以正，天之命也。

"其匪正有眚，不利有攸往"，无妄之往，何之矣！天命不祐，行矣哉？

译文

《彖辞》说：《无妄》之象，阳刚自外而来，渐侵入内，主持一切，行动果敢而又自强不息，它居于最重要的正中位置，又能得到阴柔的应和，大为亨通且坚持正道，体现了天命所归。

"如果不按正道办事，就会有祸殃发生，不利于有所前往"，因为这个前往和按规律办事的前往，根本就不是一个方向！得不到上天的佑助，怎么前往？

注释 ❶ 刚自外来：《无妄》卦是下震上乾，震是内卦，乾是外卦，阳刚从上退出，又从下进来，故曰"刚自外来"。❷ 为主于内：作为内卦的震也属

上经　无妄卦

于阳卦，以阳爻为主，故曰"为主内"。❸动而健：震代表动，乾代表健，内外二体既能震动，又秉刚健，故物皆不敢妄为。❹刚中而应：指"九五"阳刚居中而下应"六二"。

原文

《象》曰：天下雷行❶，物与❷，无妄。先王以茂❸对❹时，育万物。

"无妄"之"往"，得志也。

"不耕，获"，未富也。

行人得牛，邑人灾也。

"可贞，无咎"，固有之也。

无妄之药，不可试也。

无妄之行，穷之灾也。

译文

《象辞》说：雷声传遍天下，万物随之奋起，这就是《无妄》之象。前代君王由此领悟到应努力顺应天时变化，养育万物。

（初九爻）"不肆意妄为"地"前往"，是说志向可以实现。

（六二爻）"没有耕种，就得到了收获"，这是永远达不到富裕的。

（六三爻）路过的人得到的是牛，村里乡亲则是遭灾。

（九四爻）"能守正道，没有灾祸"，是说道理本来就是如此。

（九五爻）说的是不能乱抓药，不能随便拿来试验。

（上九爻）说的是不能妄行，这将是一种穷途末路，无法解救的灾难。

注释

❶天下雷行：《无妄》卦下震上乾，震代表雷，乾代表天，故曰"天下雷行"。❷物与：与，语气词，此处含有"皆随"之意。万物参与，即指万物随雷声而动。❸茂：通"懋"，勉力，努力。❹对：犹应也。对时，犹言顺应时令。如随着春天到来，禁猎、禁樵、劝农等。

二十六 大畜卦
（下乾上艮）

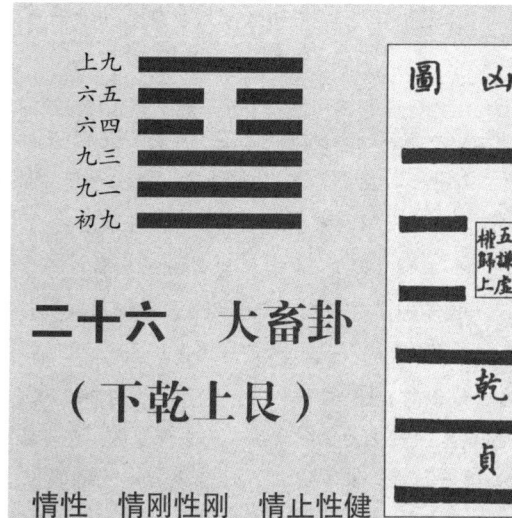

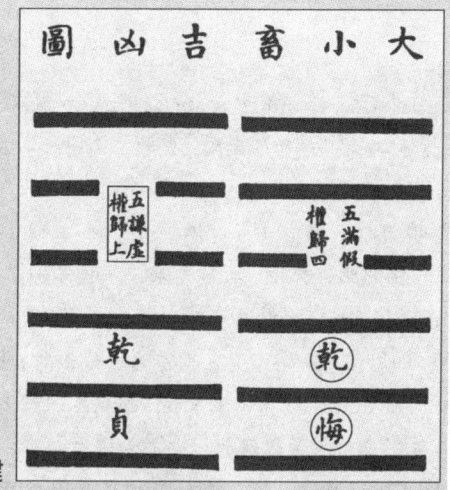

情性　情刚性刚　情止性健

原文

《大畜》❶：利贞。不家食❷，吉，利涉大川。

初九：有厉，利已。

九二：舆说輹❸。

九三：良马逐，利艰贞。日闲舆卫❹，利有攸往❺。

六四：童牛之牿❻，元❼吉。

六五：豮豕❽之牙，吉。

译文

《大畜》卦象征厚积：利于坚守正道。不在家中吃闲饭，吉祥，利于渡过大江大河。

初九爻，显得过急，宜暂停前进。

九二爻，（跑得太快）车身下的车轴脱开了。

九三爻，良马赶路，不在平路途艰难遥远。这取决于平常的训练和护理，（要用的时候）才能利于有所前往。

六四爻，牛犊的牛角上，装上一根横木，大为吉祥。

六五爻，阉割的（野）公猪，虽有利牙，吉祥无害。

上九：何天之衢❾，亨。　　　　上九爻，道路如天空一样宽广，亨通。

注释 ❶《大畜》：卦名。本卦是异卦相叠，下乾（☰）上艮（☶），艮为山，乾为天。光辉的太阳，照映在山中，象国家养贤，光耀朝廷，贤人养德，滋润本身。所以卦名为《大畜》。❷ 不家食：不在家中进食，亦即出外谋生之意。❸ 舆说輹：舆，车厢。说，通"脱"。輹（fù），古代木制车辆在车厢之下卡住车轴的曲形部件，上连车厢，下接车轴，形如伏于车轴之兔，所以通常叫作"伏兔"。❹ 日闲舆卫：日，终日，每天。闲，娴，熟习。舆，车。卫，护理。❺ 有攸往：有所往，有所作为。攸，所。❻ 童牛之牿：童牛，即牛犊。之，有。牿（gù），在牛角上架起一根横木，防止初生牛犊伤人或牛角受伤，也可解为限制牛角向两边斜长，使之长得更向前，更有战斗力。❼ 元：大。❽ 豮豕：豮（fén），阉割。豕，猪。家公猪阉掉后好长肉，野公猪阉掉后能去掉凶性。❾ 衢（qú）：四通八达的大路。

原文

《彖》曰：《大畜》，刚健笃实❶辉光，日新❷其德。刚上而尚贤，能止健❸，大正也。

"不家食，吉"，养贤也。"利涉大川"，应乎天也。

译文

《彖辞》说：《大畜》卦之象，刚健和笃实交相辉映，要求自己每天都有长进。阳刚上进志在成为贤才，掌握节奏、自强不息，符合最大的正道。

所谓"不在家中吃闲饭，吉祥"，是说只有这样才能培养出贤才。所谓"利于渡过大江大河"，是说其追求应合天道的规律。

注释 ❶ 刚健笃实：笃（dǔ），厚也。《大畜》卦是下乾上艮，乾代表刚健，艮代表山，山体厚实，故曰"刚健笃实"。❷ 日新：一天新于一天。"日新其德"是《大畜》彖辞的中心思想。❸ 能止健：艮代表静止，控制节奏。乾代表刚健，运动不止。

原文

《象》曰：天在山中❶，《大畜》。君子以多识前言往行，以畜❷其德。

"有厉，利已"，不犯灾也。

"舆说輹"，中无尤❸也。

"利有攸往"，上合志❹也。

"六四，元吉"，有喜也。

"六五"之"吉"，有庆也。

"何天之衢"，道大行也。

译文

《象辞》说：太阳落入了山中，这就是《大畜》之象。君子由此领悟到要多分析过去的言论和以往的行为，以培养和丰富自己的道德学识。

（初九爻）"显得过急，宜暂停前进"，这样才不至于造成灾难。

（九二爻）"车身下的车轴脱开了"，但只要行为合于中正之道，就不会有什么不良后果。

（九三爻）"利于有所前往"，是说往前可以实现（训练的）志愿。

"六四爻（之）大为吉祥"，是指后面将有喜事。

"六五爻"之"吉祥无害"，是说有了可致庆贺的礼品。

（上九爻）"道路如天空一样宽广"，是说后面的道路将通行无阻。

注释 ❶天在山中：《大畜》是下乾上艮，乾代表天，艮代表山，故曰"天在山中"，正合太阳落山，白天消失之象。❷畜：通"蓄"。❸尤：过失，怨恨。❹上合志：上，上前，往上。志，志向，训练所追求的目的。

上经　大畜卦

二十七　颐卦
（下震上艮）

上九
六五
六四
六三
六二
初九

情性　情刚性刚　情止性动

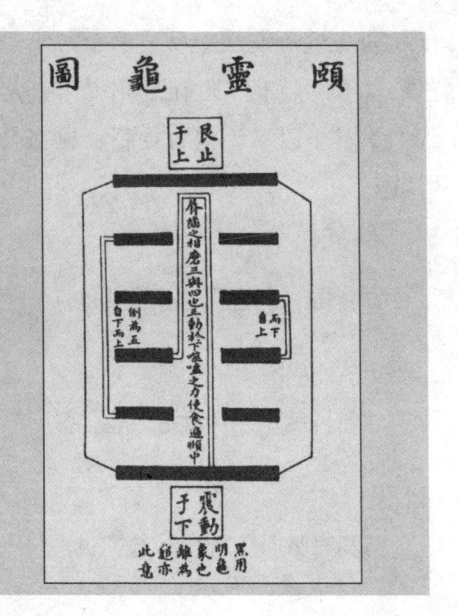

原文

《颐》❶：贞吉。观颐，自求口实❷。

初九：舍尔灵龟❸，观我朵颐❹，凶。

六二：颠❺颐，拂❻经❼于丘❽。颐征，凶。

六三：拂颐，贞❾凶。十年勿用❿，无攸利。

六四：颠颐，吉。虎视眈眈，

译文

《颐》卦象征颐养：坚守正道可获吉祥。观摩颐养之道，重在根据自己的实际需要（口味）定量安排。

初九爻，舍弃自己节食长寿的方法，观摩仿效别人大快朵颐，凶险。

六二爻，想有饭吃，就得在山坡上开荒种地。为了生计而去征讨（抢劫）别人，凶险。

六三爻，违背颐养之道，长期如此，凶险。身体可能十年都恢复不了，什么都做不成。

六四爻，日子过得去就行了，

其欲逐逐，无咎。

六五：拂经，居贞吉，不可涉大川。

上九：由颐，厉，吉，利涉大川。

吉利。对逐欲不止的行为怀有高度的警觉，没有过失。

六五爻，开荒种地，安居度日，持守正道，吉祥，暂不可去穿越大江大河。

上九爻，遵循颐养之道，严格要求自己，吉祥，有利于穿越大江大河。

注释 ❶《颐》：卦名。本卦为异卦相叠，下震（☳）上艮（☶），震为雷，艮为山。雷出山中，正是春暖之际，天地养育万物之时，所以卦名曰《颐》。《尔雅·释诂》："颐，养也。" ❷口实：口，口味。实，实际，实际需要，不过量。❸舍尔灵龟：舍，弃。尔，你。灵龟，龟吃得不多，且长寿，故称灵龟。❹朵颐：朵，原意是树枝下垂。颐，面部两腮的部位。两腮因口中咀嚼食物而隆起咬动的样子。喻大吃大喝。❺颠：高亨说："借为填，塞也。填颐，纳食物于腮中。" ❻拂：李镜池说："借为刜，声通。刜，击也（《说文》），斫也（《广雅·释言》）。" ❼经：《广雅·释言》："径也。"指阡陌。拂经，这里指垦荒开田。❽丘：高地。❾贞：正。❿十年勿用：身体长时间病得不能动。

原文

《彖》曰：《颐》，"贞吉"，养正❶则吉也。

"观颐"，观其所养也。"自求口实"，观其自养也。天地养万物，圣人养贤以及万民。"颐"之时❷大矣哉。

译文

《彖辞》说：《颐》卦之象，"坚守正道，可获吉祥"，是说养育之事只有遵循正道才能吉祥。

所谓"观摩颐养之道"，是说观摩别人在颐养什么。所谓"重在根据自己的实际需要（口味）定量安排"，是说要这样来要求自己。天地养育万物，圣人养育贤人和百姓。掌握好"颐养"的时机真是太重要了！

注释 ❶养正：养身在正。❷时：包含了时间、地点和对象。《易经》讲"时"，这三者总是合一的。

原文

《象》曰：山下有雷❶，《颐》。君子以慎言语，节饮食。

"观我朵颐"，亦不足贵也。

"六二，征，凶"，行失类也。

"十年勿用"，道大悖也。

"颠颐"之"吉"，上❷施光❸也。

"居贞"之"吉"，顺以从上也。

"由颐，厉，吉"，大有庆也。

译文

《象辞》说：山下有雷声响起，这就是《颐》卦之象。君子由此领悟到要谨慎言语，节制饮食。

（初九爻）"观摩仿效别人大快朵颐"，实在不是什么高贵的行为。

"六二爻，征讨（抢劫别人），凶险"，是说这种行为将失去所有朋友（失道寡助）。

（六三爻）"（身体可能）十年都恢复不了"，是说与颐养之道背离得太远了。

（六四爻）"日子过得去就行了"的所谓"吉利"，是说天道（君上）施恩甚广。

（六五爻）"安居度日，持守正道"的所谓"吉祥"，是说随顺颐养之道，也就是适从了天道（君上）。

（上九爻）"遵循颐养之道，严格要求自己，吉祥"，是说有大喜庆等着他。

注释 ❶山下有雷：《颐》卦是下震上艮，震代表雷，艮代表山，故曰"山下有雷"。春雷可以唤醒生物，也可能惊动生物，所以君子要"慎言语"。有些生物饿了一冬，如果暴饮暴食，容易患病，所以君子要"节饮食"。❷上：君上，也指天。❸光：通"广"。

上六
九五
九四
九三
九二
初六

二十八 大过卦
（下巽上兑）

情性　情柔性柔　情悦性入

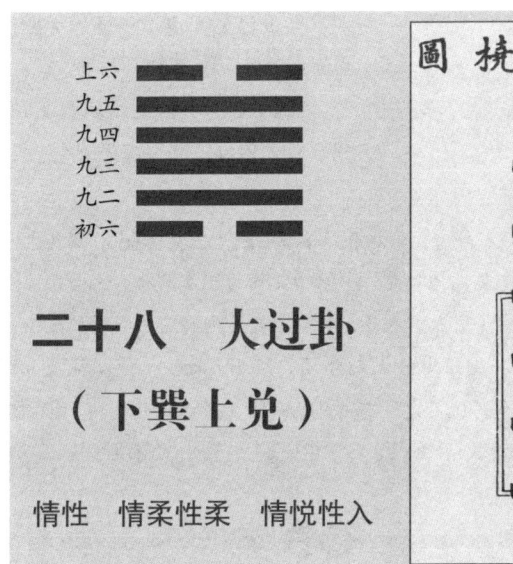

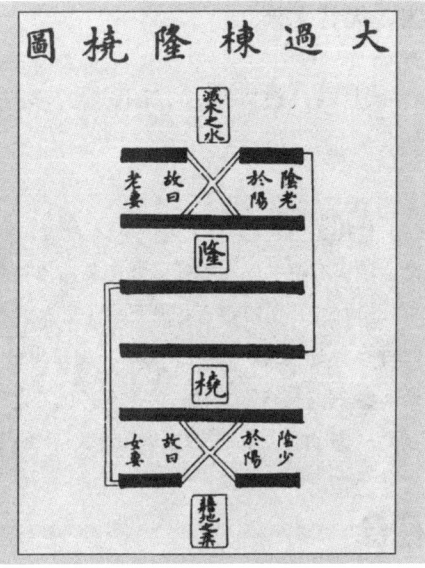

原文

《大过》❶：栋❷桡❸，利有攸往❹，亨。

初六：藉❺用白茅❻，无咎。

九二：枯杨生稊❼，老夫得其女妻，无不利。

九三：栋桡，凶。

九四：栋隆，吉。有它，吝。

九五：枯杨生华，老妇得其士

译文

《大过》卦象征防危避险：正梁弯了，宜于另有所往，前途亨通。

初六爻，用白色的茅草作为祭品的垫托，没有过失。

九二爻，枯老的杨树又长出了新芽，老年男子娶了年轻妻子，没有什么不利的地方。

九三爻，正梁弯了，凶险。

九四爻，正梁高耸直挺，吉祥。如有其他变故，是非常可惜的。

九五爻，枯老的杨树又开了

上经　大过卦

夫，无咎无誉。

上六：过涉灭顶，凶，无咎。

花，年老的妇人配了年轻的丈夫，犯不着追究，也不值得称赞。

上六爻，涉水渡河，水淹过顶，虽然凶险，没有过失。

注释 ❶《大过》：卦名。本卦为异卦相叠。下巽（☴）上兑（☱），巽为木，兑为泽，有泽水淹没木舟之象。巽、兑相叠，中间四爻均为阳爻，初、上为阴爻，中壮而端弱，也昭示着折毁之象。喻人君人臣，行事大错，则将有栋折梁摧之险，故曰《大过》。❷栋：木结构房屋正中最高的横梁。❸桡（ráo）：通"挠"，弯曲。❹利有攸往：正梁弯曲是危房，不走开有被压的危险，所以走开有利。❺藉：铺垫。❻白茅：白色的茅草，柔软洁白。❼稊（tí）：通"荑"，草木新芽。

原文

《象》曰：《大过》，大者过也❶。

"栋桡"，本末弱也❷，刚过而中❸。巽而说❹行，"利有攸往"，乃"亨"。《大过》之时❺大矣哉！

译文

《象辞》说：《大过》之象，显示最主要的部分没有保持平衡。

"正梁弯了"，是因为两端太细弱，中间太粗硬。好在卦象还显示了顺从与和悦的美德，故而"宜于另有所往"，因此"前途亨通"。把握好《大过》的时态，真是太重要了！

注释 ❶大者过也：大，事物最主要的部分。过，偏重于一个方面。❷本末弱也：本，根部。末，梢部。《大过》全卦中间有四阳爻，而首尾各只有一阴爻，所以"本末弱也"。❸刚过而中："九二"和"九四"都是以阳爻居于阴位，阳刚非其所位，故曰"刚过"。"九二"和"九五"又都是以阳爻居于上下卦之中位，故曰"而中"。❹巽而说：《大过》下巽上兑，巽代表顺，兑代表悦，故曰"巽而说"。说，通"悦"，和悦。❺时：包含了时间、空间和对象。就此卦来说，上梁歪了，下梁不能跟着歪，保持着好的品德离开此地乃是上上策，是谓"时"。

原文

《象》曰：泽灭木❶，《大过》。君子以独立不惧，遁世无闷❷。

"藉用白茅"，柔在下也。

"老夫，女妻"，过以相与❸也。

"栋桡"之"凶"，不可以有辅也。

"栋隆"之"吉"，不桡乎下❹也。

"枯杨生华"，何可久也？"老妇，士夫"，亦可丑也。

"过涉"之"凶"，不可咎也。

译文

《象辞》说：大泽淹过了树梢，这就是《大过》之象。君子由此领悟到，必须独立不倒，毫不畏惧（污泥浊水），离职隐居也能悠然无烦闷。

（初六爻）"用白色的茅草作为祭品的垫托"，是说明柔和居下（祭品能受到很好的保护）。

（九二爻）"老年男子，年轻妻子"，是说这是年龄不当的婚配。

（九三爻）"正梁弯了"的所谓"凶险"，是说没有办法用其他木料做辅衬。

（九四爻）"正梁高耸直挺"的所谓"吉祥"，是说它不会危及下面。

（九五爻）"枯老的杨树又开了花"，怎么可能长久呢？"年老的妇人，年轻的丈夫"，实在有些可耻。

（上六爻）"涉水渡河"所经历的"凶险"，并不是需要追究的过失。

注释 ❶泽灭木：《大过》卦下巽上兑，巽代表木，兑代表泽。灭，淹没。❷遁世无闷：遁，隐，避。世，世俗。《庄子·杂篇·则阳》："是自埋于民，自藏于畔，其身销，其志无穷，其口虽言，其心未尝言，方且与世违而心不屑与之俱，是陆沉者也。""陆沉"即遁世。闷，烦闷。❸相与：相处，相配。❹不桡乎下：不弯曲于下，不给下面施加压力。

上经 大过卦

上六 ▬ ▬
九五 ▬▬▬
六四 ▬ ▬
六三 ▬ ▬
九二 ▬▬▬
初六 ▬ ▬

二十九 坎卦
（下坎上坎）

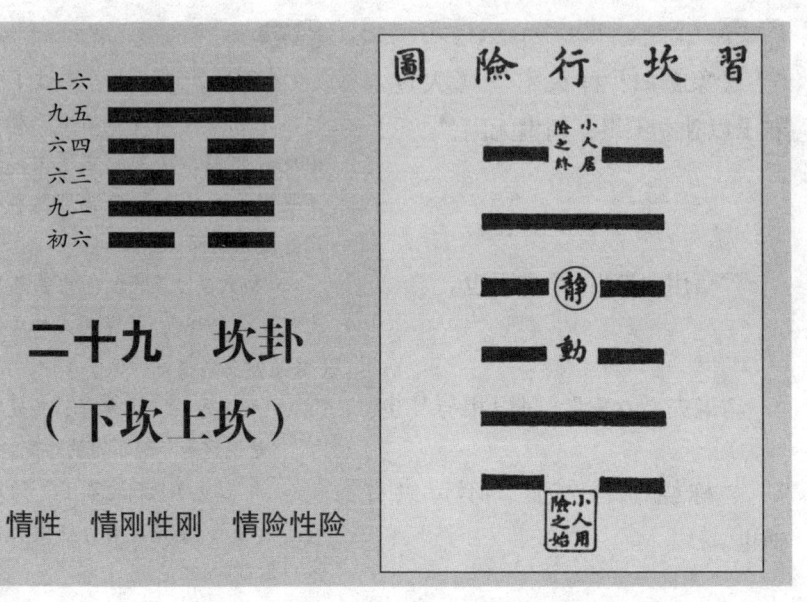

情性　情刚性刚　情险性险

原文

《习坎》❶：有孚❷，维心❸亨，行有尚❹。

初六：习坎❺，入于坎窞❻，凶。

九二：坎有险，求小得。

六三：来之坎坎❼，险且枕❽，入于坎窞，勿用。

六四：樽酒，簋贰，用缶，纳约自牖，终无咎。

译文

《习坎》卦象征险阻重重：怀着诚信，内心坚定不移，可致亨通，前行会得到帮助。

初六爻，险阻重重，跌入深坑，凶险。

九二爻，遇坎有险，只求小有所得（平安就好）。

六三爻，前行遇到了坡坡坎坎，避险后退，（说不定反要）跌入深坑，不可轻举妄动。

六四爻，一樽（壶）酒，两簋（碗）饭，几缶（盘）菜，（诚心）结纳信约于窗下，终无灾祸。

九五：坎不盈，祇既平，无咎。

上六：系用徽纆，寘于丛棘，三岁不得，凶。

九五爻，坑函尚未填满，小丘已被铲平，没有过错。

上六爻，被黑色的绳索捆绑，囚置在荆棘丛中，多年不得解脱，凶险。

注释 ❶《习坎》：卦名。本卦为同卦相叠，上坎（☵）下坎（☵），两坎相重，坎为险、为水，可见其卦象为重重险阻，又像流水长流不息，所以卦名曰《习坎》。❷孚：诚信。❸维心：维系于心，坚定不移。❹尚：崇尚，尊敬，跟从。❺习坎：双重的险难。❻坎窞（dàn）：坑中之坑。❼坎坎：坑坑接连着坑坎。❽枕：后脑。

原文

《象》曰：习坎，重❶险也。水流而不盈❷，行险而不失其信。

"维心亨"，乃以刚中❸也。

"行有尚"，往有功也。天险，不可升也。地险，山川丘陵也。王公设险以守其国。险之时用大矣哉！

译文

《象辞》说：《习坎》卦象征着重重险阻。水流而永远不盈满，即使处于险地也不会失去它的诚信（不舍昼夜地流淌）。

"维心亨"，是因为卦中九二爻与九五爻都是刚而居中。

"行有尚"，是说（九二爻往应九五爻，即往上行）前往就能建立功业。天险，不可以升到天上。地险就像是山川丘陵这样的阻隔，王公大臣可以利用这些险阻来守卫国家的安全。把握好《坎》卦的时机以利用它真是太重要了！

注释 ❶重（chóng）：形容程度极深的样子。❷不盈：不满，不停。❸刚中：指"九二爻"与"九五爻"性质阳刚，居于上下坎卦的中位。

原文

《象》曰：水洊❶至，《习坎》。君子以常德❷行习教事。

"习坎，入坎"，失道"凶"也。

"求小得"，未出中❸也。

"来之坎坎"，终无功也。

"樽酒，簋贰"，刚柔际❹也。

"坎不盈"，中未大❺也。

"上六"失道，"凶"三岁也。

译文

《象辞》说：流水不断涌来，这就是《习坎》卦之象。君子由此领悟到，必须不离常德，从事和学习政教事宜。

（初六爻）"险阻重重，跌入深坑"，这是一种迷失了道路的"凶险"。

（九二爻）"只求小有所得"，是说此时尚未脱离险中。

（六三爻）"前行遇到了坡坡坎坎"，预示（战争）最终难以取得胜利。

（六四爻）"一樽（壶）酒，两簋（碗）饭"，是说刚柔坦诚往来（双方和解）。

（九五爻）"坑凼尚未填满"，是表明虽已居中，但还有隐患未除。

"上六"（战争的祸首）迷失了正道，受到了严惩，多年的"凶险"是他罪有应得。

注释 ❶ 洊（jiàn）：再，一次又一次。❷ 常德：本有的、常态的德，具备原动力、容纳力和再创力。❸ 未出中：泉源未出山中，故求小得，积而后流，始成江河。❹ 际：际会，交合。❺ 中未大："九五"居上卦之中，至尊之位尚需巩固，尚需有人承担发动战争的罪名。

```
上九 ▬▬▬
六五 ▬ ▬
九四 ▬▬▬
九三 ▬▬▬
六二 ▬ ▬
初九 ▬▬▬
```

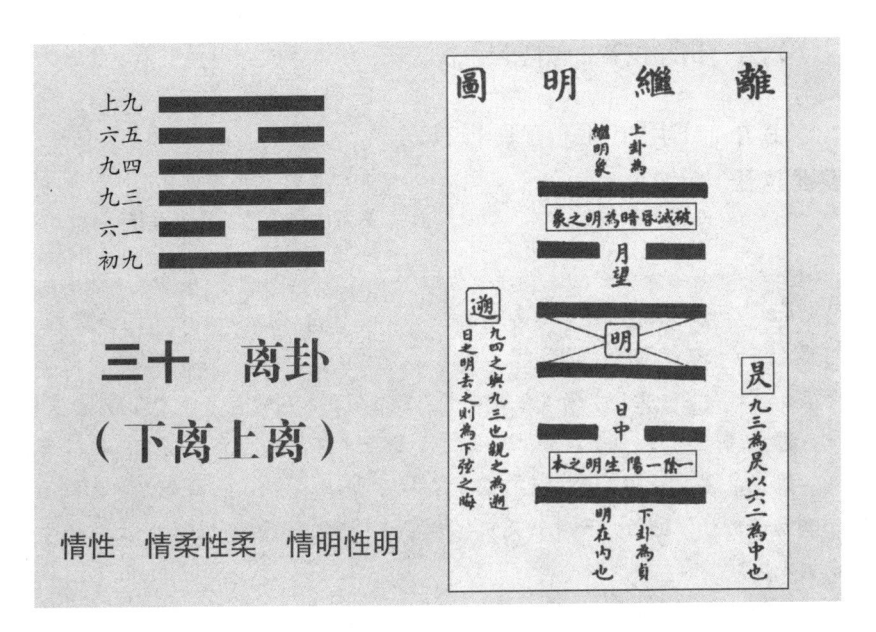

三十 离卦
（下离上离）

情性　情柔性柔　情明性明

原文

《离》❶：利贞❷，亨。畜牝牛❸，吉。

初九：履错然❹，敬之，无咎。

六二：黄❺离，元❻吉。

九三：日昃❼之离，不鼓缶❽而歌，则大耋❾之嗟，凶。

九四：突如其来如，焚如，死如，弃如。

译文

《离》卦象征附着：有利于坚守正道，亨通。畜养母牛，吉祥。

初九爻，步伐错落有致，保持恭敬谨慎，可以无过。

六二爻，黄色着身，大为吉利。

九三爻，西天太阳将落，要是不敲起缶器唱歌自乐，就会有"老之将至"的嗟叹，（这种心态）有凶险。

九四爻，（敌人）突然袭击，见房就烧，见人就杀，留下一片废墟后逃走。

六五：出涕沱若，戚嗟若，吉。

六五爻，泪如雨下，悲戚叹息，后有吉祥。

上九：王用出征，有嘉折首，获匪其丑，无咎。

上九爻，君王借以出师征讨，不断嘉奖斩敌有功者，俘虏了不愿亲附的恶逆，没有过错。

注释 ❶《离》：卦名。离，丽也；丽，附也，附丽。本卦为同卦相叠，下离（☲）上离（☲），两离相叠，离为日，太阳反复升起，运行不息。日附丽于天，草木附丽于大地。喻人依乎正道，行道不已，所以卦名曰《离》。❷贞：守。❸牝牛：母牛。❹履错然：履，步履，这里指脚步声。错然，错落有致。❺黄：黄色，谦和的中色。❻元：大。❼日昃（zè）：日侧，即太阳偏西将落的时候。❽缶（fǒu）：瓦器，古人亦作乐器。❾耋（dié）：七八十岁的老人。

原文

《象》曰：离，丽❶也。

日月丽乎天，百谷草木丽乎土。重明❷以丽乎正，乃化❸成天下。

柔丽乎中正❹，故"亨"。是以"畜牝牛吉"也。

译文

《象辞》说：《离》卦象征着附丽。

日月附丽于天空中，百谷草木附丽在大地上，双重的光明附丽在中正的大道上，所以化育天下万物。

（六二与六五两个阴爻）柔而附丽在卦的中正之位，所以亨通，因此"畜牝牛吉"。

注释 ❶丽：附丽。❷重明：《离》卦卦象由两个离卦组成，都表示光明，所以称"重明"。❸化：化育，繁衍。❹柔丽乎中正：《离》卦上下两卦的中位都代表着阴柔——"六二"为柔，"六五"也为柔，所以称"柔丽乎中正"。

原文

《象》曰：明两作❶，《离》。大人❷以继明照于四方。

"履错"之"敬"，以辟❸"咎"也。

"黄离，元吉"，得中道❹也。

"日昃之离"，何可久也！

"突如其来如"，无所容也。

"六五"之"吉"，离王公❺也。

"王用出征"，以正邦也。

译文

《象辞》说：太阳连连升起，这就是《离》卦之象。大人由此领悟到要连续不断地表现出正大光明，普照四方。

（初九爻）"步伐错落有致"的所谓"恭敬"，可以避免过错。

（六二爻）"黄色着身，大为吉利"，是因为黄色得中正之道。

（九三爻）"西天太阳将落"，（黑暗是暂时的）怎么可能长久呢？

（九四爻）"（敌人）突然袭击"，人们来不及找到藏身之所。

"六五爻"的"吉祥"，是说大家靠近君王重臣（重又团结起来）。

（上九爻）"君王借以出师征讨"，是为了维护邦国的安定。

注释 ❶明两作：作，升起。《离》卦是由两个单卦"离"所组成。离代表日，故曰"明两作"。也有人说"明两作"是太阳落下，月亮又升起。❷大人：这里指大德大才的当权者。❸辟：通"避"。❹得中道：黄色是泥土的颜色，土在五行学说中居于中位（东木、南火、西金、北水、中土），所以黄色被称为正中之色，象征中正之道。❺离王公：依附于王公。

下经

三十一 咸卦
（下艮上兑）

上六
九五
九四
九三
六二
初六

情性　情柔性刚　情悦性止

原文

《咸》❶：亨，利贞，取女吉。

初六：咸❷其拇❸。

六二：咸其腓❹，凶；居吉。

九三：咸其股，执其随，往吝。

九四：贞吉悔亡。憧憧往来，朋从尔思。

九五：咸其脢，无悔。

译文

《咸》卦象征心心相印：亨通，利于坚守正道，娶妻吉祥。

初六爻，触碰脚指头，有了感应。

六二爻，触碰腿肚子，有了感应，凶险；如果停一停，吉祥。

九三爻，触碰大腿，有了感应，就可以牵着手一起走一走，但再进一步就有些困难了。

九四爻，守持正固可获吉祥，心中的怨恨一下消失。心神摇荡往来不断，友人开始赞同你的选择。

九五爻，触碰腰背，有了感应（拥抱），无怨无悔。

上六：咸其辅、颊、舌。

上六爻，触碰鼻子、脸腮、舌头，有了感应（相互亲吻）。

注释 ❶《咸》：卦名。本卦为异卦相叠，下艮（☶）上兑（☱），艮为山、为阳，兑为泽、为阴。山上有湖，山气水息，互为感应。下阳上阴，阴阳交会，万物亨通。❷ 咸：感应，有所感而动。❸ 拇：拇指，这里指脚趾。❹ 腓（féi）：小腿后的肌肉，俗称腿肚。

原文

《彖》曰：咸，感也。柔上而刚下❶，二气感应以相与❷，止而说❸，男下女，是以"亨，利贞。取女吉"也。

天地感而万物化生，圣人感人心而天下和平。观其所感，而天地万物之情可见矣！

译文

《彖辞》说：咸卦，感应、感动。（下艮上兑，艮刚兑柔）柔在上而刚在下，阴阳二气互相感应而相处。（艮为止，兑为悦）止而悦，（艮为少男，兑为少女）男在女下，所以"亨，利贞。取女吉"。

天地间的阴阳之气相互感应，就能繁育万物得以生长。圣人用他的德行就能感化人心，让天下得以和谐安定。观察这些感应和变化，就能明白天地万物相通的道理了。

注释 ❶ 柔上而刚下：《咸》卦上卦为兑、为柔，下卦为艮、为刚，所以称"柔上而刚下"。❷ 相与：相处。❸ 止而说（yuè）：《咸》卦下卦为艮、为止，上卦为兑、为说（悦），故名。

原文

《象》曰：山上有泽❶，《咸》。君子以虚受人。

译文

《象辞》说：山上有湖泊，这就是《咸》卦之象。君子由此领悟到，要以虚怀若谷的精神接纳别人。

下经 咸卦

"咸其拇"，志在外也。

虽"凶；居吉"，顺不害❷也。

"咸其股"，亦不处也；志在"随"人，所"执"下也。

"贞吉悔亡"，未感害也；"憧憧往来"，未光大也。

"咸其脢"，志末也。

"咸其辅、颊、舌"，滕口说也。

（初六爻）"触碰脚指头，有了感应"，是说两人都表现出了找对象的愿望。

（六二爻）"凶险；如果停一停，吉祥"，是说顺从其心意，才不至于把事情弄糟。

（九三爻）"触碰大腿，有了感应"，就不想停下来了。虽然别人已表示了愿意"跟随"你，但你就这样"牵手"也太不雅了。

（九四爻）"守持正固可获吉祥，心中的怨恨一下消失"，是说对方感到了安全。"心神摇荡往来不断"，是说爱情尚未结出婚姻的果实。

（九五爻）"触碰腰背，有了感应"，表明情意已经表达得很充分了。

（上六爻）"触碰鼻子、脸腮、舌头，有了感应"，语言已经很多余了。

注释 ❶山上有泽：《咸》卦下艮上兑，艮代表山，兑代表泽。❷顺不害：顺，循序渐进。害，关系破裂。

三十二　恒卦
（下巽上震）

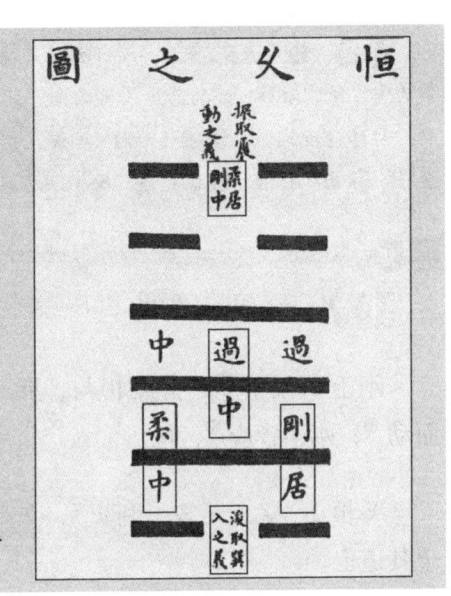

情性　情刚性柔　情动性入

原文

《恒》❶：亨，无咎，利贞，利有攸往。

初六：浚❷恒，贞凶，无攸利。

九二：悔亡❸。

九三：不恒其德，或承❹之羞❺，贞吝。

九四：田❻无禽❼。

六五：恒其德，贞；妇人吉，夫子❽凶。

上六：振❾恒，凶。

译文

《恒》卦象征稳定：亨通，没有过失，利于坚守正道和有所前往。

初六爻，打破稳定，一直如此，凶险，没有任何好处。

九二爻，（停止浚恒）懊悔消失。

九三爻，不能长久地保持操行，就可能蒙受羞辱，真是如此就非常遗憾了。

九四爻，田猎没有打到禽兽（平时缺乏训练）。

六五爻，长久地保持操行，一直如此；妻子（做到了）吉祥，丈夫（做不到）凶险。

上六爻，摇动稳定，凶险。

下经　恒卦　113

注释 ❶《恒》：卦名。本卦为异卦相叠，下巽（☴）上震（☳），巽为风，震为雷。风雷激荡，宇宙常新。震为阳，巽为阴，阳上阴下，君贵民贱，男尊女卑，封建伦理纲常。❷浚（jùn）：疏浚，挖。❸亡：消失。❹承：承受。❺羞：羞辱。❻田：狩猎。❼禽：通"擒"，擒获。❽夫子：丈夫。❾振：振动、摇动。

原文

《象》曰：《恒》，久也。

刚上而柔下❶，雷风相与，巽而动❷，刚柔皆应❸，恒。

"《恒》：亨，无咎，利贞"，久于其道也。

天地之道，恒久而不已也。

"利有攸往"，终则有始❹也。

日月得天而能久照，四时变化而能久成，圣人久于其道而天下化成。

观其所恒，而天地万物之情可见矣。

译文

《象辞》说：《恒》卦是持久的象征。

阳刚居上，阴柔处下，雷、风交助，顺于时节不停运动，刚、柔两相呼应，这就是"恒"。

"《恒》：亨通，没有过失，利于坚守正道"，就体现了这个恒久的规律。

天地的运行规律，都是恒久而不停的。

"利于有所前往"，终结了又会有新的开始。

太阳和月亮遵循自然规律，就能长久普照万物；四季往复变化，就能长久生成万物；圣人长久持守正道，就能感化天下达到大治。

观察这些恒动规律，就能与天地万物之情相通了。

注释 ❶刚上而柔下：刚，上卦震；柔，下卦巽。❷巽而动：下卦为巽，巽为逊；上卦为震，震为动。因而本卦具有谦逊而又敢为的意蕴。❸刚柔皆应："初六"为阴爻，为柔；"九四"为阳爻，为刚。"初"为下卦第一位，"四"为上卦第一位。"九二"为阳爻，为刚；"六五"为阴爻，为柔。"九二"为下卦第二位和中位，"六五"为上卦第二位和中位。"九三"为阳爻，为刚；"上六"为阴爻，为柔。"九三"为下卦第三位，"上六"为上卦第三位。都是同位爻，相应。❹终则有始：终则又始，至则又返。

原文

《象》曰：雷风❶，《恒》。君子以立不易方❷。

"浚恒"之"凶"，始求深❸也。

"九二，悔亡"，能久中也❹。

"不恒其德"，无所容也。

久非其位，安得❺"禽"也？

"妇人贞吉"，从一而终❻也；"夫子"制义❼，从妇"凶"也。

"振恒"在上，大无功也。

译文

《象辞》说：雷动而风行，这就是《恒》卦之象。君子由此立下恒久不变的方针。

（初六爻）"打破稳定"的"凶险"，在于一开始就想翻个底朝天。

"九二爻，懊悔消失"，在于能恒久地持守中正之道。

（九三爻）"不能长久地保持操行"，就没有人会接纳你了。

（九四爻）长时间不务正业，怎么能"打到禽兽"呢？

（六五爻）"妻子守正，吉祥"，是因为做到了从一而终；"丈夫"则应该是法则的制定者，如果只会听从妇人，就有"凶险"。

（上六爻）"摇动稳定"，就什么也干不成。

注释

❶雷风：《恒》卦上震下巽，震为雷，巽为风。❷立不易方：立，确立。方，方针。❸始求深：以为自己找到了问题的根源，想来个彻底的改变。❹能久中也："九二"居于下卦中位，是中正，即正确。❺安得：怎么可能。❻从一而终：只嫁一个丈夫而终其一生。❼制义：制，制定。义，规则，法则。

```
上九
九五
九四
九三
六二
初六
```

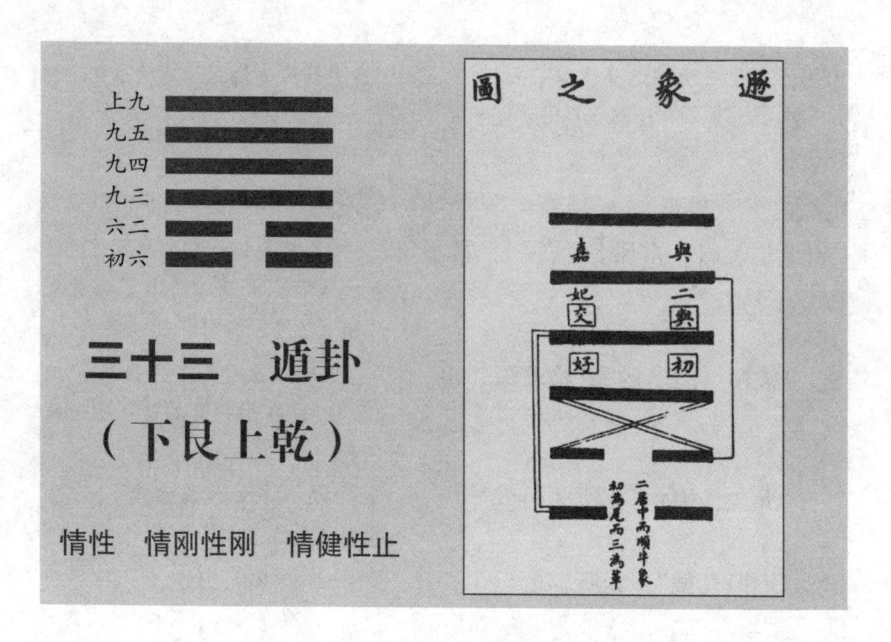

遯象之圖

三十三 遯卦
（下艮上乾）

情性　情刚性刚　情健性止

原文

《遯》①：亨，小利贞②。

初六：遯尾③，厉；勿④用有攸往。

六二：执⑤之用黄牛之革，莫之胜说⑥。

九三：系⑦遯，有疾厉⑧。畜臣妾⑨，吉。

九四：好遯⑩，君子吉，小人否。

九五：嘉遯⑪，贞⑫吉。

译文

《遯》卦象征退避：亨通，不为"大"利于守持正固。

初六爻，最后一个退，将是很危险的；不能再接着走下去了。

六二爻，被黄牛皮绳（权力场）捆绑，难以解脱。

九三爻，被牵制而难以退避，好比疾病缠身，有危险。（这种情况下的解脱之道是"专心"）蓄养仆从和侍妾，吉利。

九四爻，平平安安退下来，君子视为吉祥，小人接受不了。

九五爻，功成身退，初衷不改，吉祥。

上九：肥遁[13]，无不利。

上九爻，非常及时地退下来，无所不利。

注释 ❶《遁》：卦名。本卦是异卦相叠，下艮（☶）上乾（☰），艮为山，乾为天。山无论多高，也不能接近天，山高而天退，所以，这一卦名为《遁》。《说文》："遁，逃也。"这里含退避、退隐之义。这正是贤人君子摆脱桎梏、避灾远害、退隐山林的理想境界。❷ 小利贞：小，低，不争功，不为大。老子说："道常无名朴。虽小，天下莫能臣。侯王若能守之，万物将自宾。"（《老子》第三十二章）"衣养万物而不为主，可名于小。"（《老子》第三十四章）贞，正。❸ 尾：尾巴，最后一个。❹ 勿：不。❺ 执：捆绑。❻ 说：通"脱"，解脱。❼ 系：系累、牵制。系遁，犹言被拖累而不能退隐。❽ 疾厉：疾是病，厉是严厉、严重、危险之意。❾ 畜臣妾：喻不再参与权力之争，是一种故意"示弱"，让"系"者死心。臣，臣仆。妾，侍妾。❿ 好遁：顺理成章，平平安安退下来。⓫ 嘉遁：获得嘉奖，正处"顶峰"时急流勇退，也即功成身退。⓬ 贞：正，喻不改"功成身退"的初衷。⓭ 肥遁：肥，通"蜚"，飞，迅速，及时。

原文

《彖》曰：《遁》"亨"，遁而"亨"也。刚当位而应，与时行也。"小利贞"，浸而长也。

《遁》之时义大矣哉！

《象》曰：天下有山❶，《遁》。君子以远小人❷，不恶而严❸。

"遁尾"之"厉"，不往何灾也？

译文

《彖辞》说：《遁》卦之象，"亨通"，该退即退，所以"亨通"。阳刚当位，并且也得到了阴柔的应和，但这都是有时间性的行为。"不为'大'利于守持正固"，但变化是慢慢形成的。

《遁》卦时态的蕴含，真是丰富啊！

《象辞》说，天远离山，这就是《遁》卦之象。君子由此领悟到，应该远离小人，表现出的态度看上去不是憎恶，而是严肃。

（初六爻）"最后一个退"有"危险"，但如果不选择最后一个

下经 遁卦

"执用黄牛"，固志也。

"系遁"之"厉"，有疾惫④也；"畜臣妾，吉"，不可大事也。

君子"好遁"，"小人否"也。

"嘉遁，贞吉"，以正志也。

"肥遁，无不利"，无所疑⑤也。

退，何来灾害呢？

（六二爻）"被黄牛皮绳捆绑"，箍死的是其"遁"之志。

（九三爻）"被牵制而难以退避"的"危险"，就好像长期患病使人疲惫不堪一样。"蓄养仆从和侍妾，吉利"，因为这样别人就不再把谋"大事"的希望寄托在自己身上了。

（九四爻）是说君子能够接受"平平安安退下来"，而"小人接受不了"。

（九五爻）"功成身退，初衷不改，吉祥"，是说其"遁"之志得到了维护。

（上九爻）"非常及时地退下来，无所不利"，是说他一点也没有迟疑。

注释 ❶ 天下有山：《遁》卦下艮上乾，艮代表山，乾代表天。《周易集解》引崔憬曰："天喻君子，山比小人。小人浸长，若山之侵天；君子遁避，若天之远山。" ❷ 远小人：指小人在朝，故君子远离小人而退隐。❸ 不恶而严：恶（wù），憎恶。严，严肃，庄重。❹ 惫（bèi）：疲惫。庄子说："士有道德不能行，惫也……今处昏上乱相之间而欲无惫，奚可得邪？"（《庄子·外篇·山木》）义近。❺ 疑：迟疑。

上六
六五
九四
九三
九二
初九

三十四　大壮卦
（下乾上震）

情性　情刚性刚　情动性健

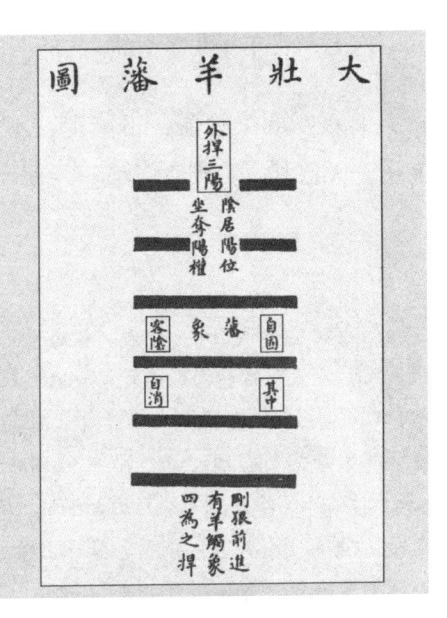

原文

《大壮》❶：利贞❷。

初九：壮于趾❸，征❹凶；有孚❺。

九二：贞吉。

九三：小人用壮，君子用罔❻。贞厉❼，羝❽羊触藩❾，羸❿其角。

九四：贞吉，悔亡。藩决不羸，壮于大舆之輹⓫。

译文

《大壮》卦象征强盛：利于坚守正道。

初九爻，仅仅腿脚强壮，前行必有凶险。应该诚信当头。

九二爻，坚守正道，可获吉祥。

九三爻，小人逞强斗勇，君子张网等待。一直如此逞强，危险，好比强壮的羊抵触藩篱，最后受伤的是羊角。

九四爻，坚守正道，吉祥，悔恨消失。冲开藩篱而不受伤，加强大车车辐（就能任重负远）。

下经　大壮卦

六五：丧羊于易，无悔。

六五爻，在田边丢了羊，但没有多大憾惜。

上六：羝羊触藩，不能退，不能遂，无攸利，艰则吉。

上六爻，强壮的羊抵触藩篱，既不能后退，也不能前进，（这种）没有任何益处（的事不能做），只有善处艰难才能获得吉祥。

注释 ❶《大壮》：卦名。本卦为异卦相叠，下乾（☰）上震（☳），乾代表天，震代表雷。天上鸣雷，声威赫赫。云雷涌动，群阳盛壮。"大"代表阳，"壮"表示盛，所以命名为《大壮》。壮，《释文》："咸盛强猛之名。"大壮，非常强盛。❷贞：正。❸趾：脚趾。❹征：前行。❺孚：诚信。❻罔（wǎng）：网，合力，无形之力。蜘蛛之网虽细，足以束飞虫。❼厉：厉害、危险。❽羝（dī）羊：公羊、壮羊。❾藩：篱笆。❿羸：瘦弱。⓫輹：通"辐"，车轮上的辐条。

原文

《彖》曰：大壮，大者壮❶也。刚以动❷，故壮。

大壮"利贞"，大者正也。正大而天地之情可见矣。

译文

《彖辞》说：大壮卦，（刚阳）大即为壮，（下乾上震，乾为刚，震为动）刚而动，所以称大壮。

大壮宜于坚守正道，是因为大代表正，正大才能看到天地运转不息的情状。

注释 ❶大者壮：《大壮》卦中有四条阳爻、两条阴爻，显示阳爻的力量远比阴爻大。❷刚以动：《大壮》卦的下卦为乾、为刚，上卦为震、为动。

原文

《象》曰：雷在天上❶，《大壮》。君子以非礼弗履❷。

译文

《象辞》说：雷声响彻天空，这就是《大壮》卦之象。君子由此领悟到，凡是违背了礼制的东西就不去触及。

"壮于趾",其"孚"穷也。

"九二,贞吉",以中❸也。

"小人用壮,君子用罔"也。

"藩决不羸",尚往❹也。

"丧羊于易",位不当❺也。

"不能退,不能遂",不详❻也;"艰则吉",咎不长也。

(初九爻)"仅仅腿脚强壮",而"诚信"丧失殆尽是不行的。

"九二爻,坚守正道,可获吉祥",是由于处在中位上。

(九三爻)就是"小人逞强斗勇,君子张网等待"。

(九四爻)"冲开藩篱而不受伤",是说还要继续前进。

(六五爻)"在田边丢了羊",是说位置不对。

(上六爻)"既不能后退,也不能前进",是说没有考虑周详。"只有善处艰难才能获得吉祥",这样就不会错得太远。

注释 ❶雷在天上:《大壮》卦下乾上震,乾代表天,震代表雷。❷履:走过。❸中:"九二"位居下卦之中位。❹尚往:尚,提倡。往,进。❺位不当:"六五"以阴爻居于阳位,故曰"位不当"。❻详:周详。

下经 大壮卦

上九
六五
九四
六三
六二
初六

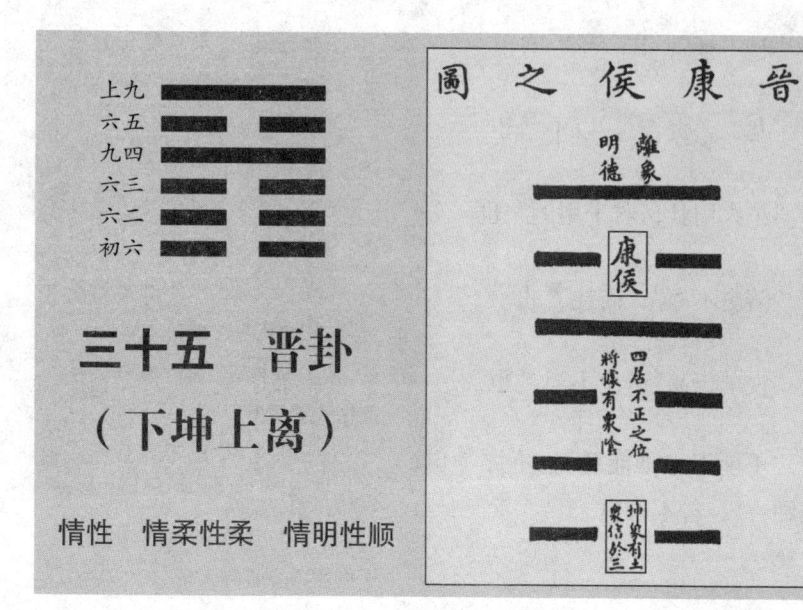

三十五　晋卦
（下坤上离）

情性　情柔性柔　情明性顺

晋康侯之图

离象
明德

康侯

四居不正之位
将赖有众阴

坤象有主
众信於三

原文

《晋》①：康侯②用锡③马蕃庶④，昼日三接。

初六：晋如⑤摧⑥如，贞吉。罔⑦孚⑧，裕⑨无咎。

六二：晋如愁如，贞吉。受兹介⑩福，于其王母。

六三：众允，悔亡。

九四：晋如鼫鼠，贞厉。

六五：悔亡，失得勿恤，往吉，

译文

《晋》卦象征晋升：尊贵的公侯得到天子赏赐的众多车马，并在一天之内三次被接见。

初六爻，刚开始上升就受到摧折，坚守正道可获吉祥。暂且不能见信于人，时间长了就好了。

六二爻，晋升途中怀有忧愁，坚守正道可获吉祥。得到的大福，来自王母。

六三爻，得到众人的信任，不再后悔。

九四爻，想上进，但又一无所长如鼫鼠，一直如此，危险。

六五爻，没有懊悔，也不再

122　同步译注图文版易经

无不利。

上九：晋其角，维用伐邑，厉吉，无咎，贞吝。

患得患失，前行吉祥，无所不利。

上九爻，晋升到了其顶端（不打仗的情况下），下步就是征伐邑国以建功，危险与吉祥共生，没有过错，守正可防憾惜。

注释 ❶《晋》：卦名。本卦为异卦相叠，下坤（☷）上离（☲），坤代表地，离代表日。太阳普照大地，万物欣欣向荣；君子沐德，操行天天向上。故卦名曰《晋》。《说文》："晋，进也。日出而万物进。" ❷康侯：名封。周武王的弟弟，最初封于康，故称康侯或康叔，后封于卫国。这是周朝建国以后的历史，此时文王已死，而卦辞相传出自文王，所以历代的注释，大多将康侯当作普通名词，解释成使国家安康的侯爵，以避免时代错位。❸锡：通"赐"，赐予。❹蕃庶：繁多。❺如：语助词，与"然"相同。❻摧：摧折，抑退。❼罔：无。❽孚：诚信。❾裕：宽裕缓进。❿介：大。

原文

《象》曰：晋，进也。

明出地上，顺而丽❶乎大明❷，柔进而上行❸，是以"康侯用锡马蕃庶，昼日三接"也。

译文

《象传》说：晋卦，前进。

太阳冉冉升起，（坤下离上，坤为顺，离为明、为日）顺应而附丽于大明，（六五爻）柔进而上升（到君位）。因此"康侯用锡马蕃庶，昼日三接"。

注释 ❶丽：依附于。❷大明：这里指太阳。❸柔进而上行：六十四卦中，只有上卦是离卦的，才说上行。此处在本卦中是指六五爻以柔顺明丽的德行居于君位。

原文

《象》曰：明出地上，《晋》。君子以自昭❶明德。

译文

《象辞》说：太阳冉冉升起于大地之上，这就是《晋》卦之象。君子由此领悟到，要努力把光明

下经 晋卦

"晋如摧如",独行正也;"裕无咎",未受命也。

"受兹介福",以中正也。

"众允"之志,上行也。

"鼫鼠,贞厉",位不当❷也。

"失得勿恤",往有庆也。

"维用伐邑",道未光也❸。

德行展现出来。

(初六爻)"刚开始上升就受到摧折",是说他独自走在正道上。"时间长了就好了",是说他现在还没有得到任命(名不正则言不顺)。

(六二爻)"得到大福",是因为守持中正之道。

(六三爻)"得到众人的信任"以后的愿望,是继续上进。

(九四爻)"一无所长如鼫鼠,一直如此,危险",因为没有摆正位置。

(六五爻)"不再患得患失",前行会有喜庆。

(上九爻)"下步就是征伐邑国以建功",是说王道还需要光大展现。

注释 ❶昭:明白,显著,展现。❷位不当:"九四"阳爻阴位,不中不正。❸道未光也:道,指王道。光,光大。《周易尚氏学》:"离为光明,至上光将熄矣。夫王道大光,则无用征伐;用征伐必'未光'也。"

上六
六五
六四
九三
六二
初九

三十六 明夷卦
（下离上坤）

情性　情柔性柔　情顺性明

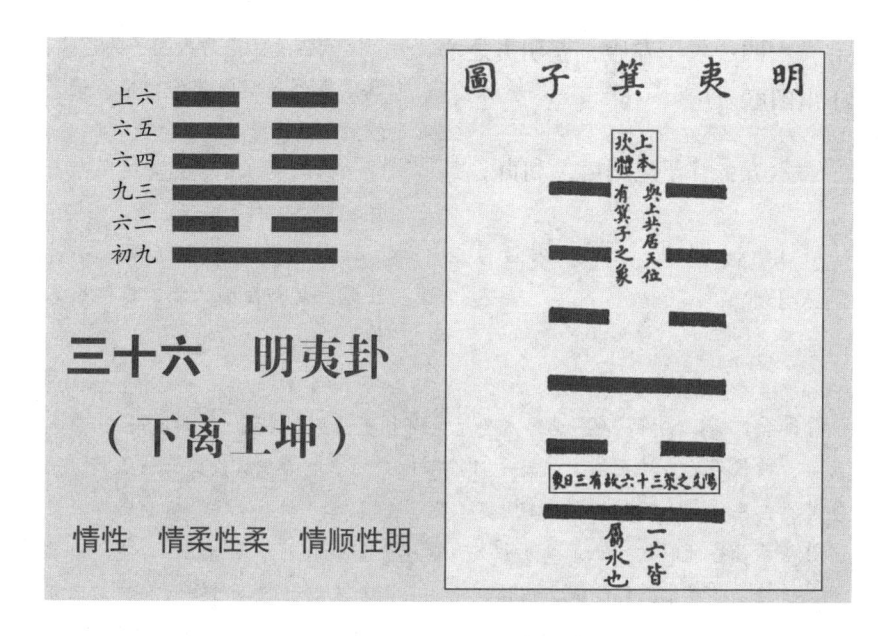

原文

《明夷》❶：利艰贞。

初九：明夷于飞，垂其翼❷。君子于行，三日不食。有攸往，主人有言❸。

六二：明夷，夷于左股❹，用拯马❺壮，吉。

九三：明夷于南，狩❻，得其大首❼，不可疾❽，贞。

译文

《明夷》卦象征着光明隐没：利于在艰难的日子坚守正道。

初九爻，光明陨落（黄昏）时向外飞走，轻轻拍打着翅膀。君子慌着赶路，三天没有停下来好好吃一顿饭了。他之所以要慌着赶路，是因为受到了"主人"的威吓。

六二爻，光明陨落，没有伤及要害，被拯救了是得益于一匹健壮如飞的良马，吉祥。

九三爻，光明陨落于南方，乘时狩猎，捕获了"大首"，但仍需徐徐图进，乃是正道。

六四：入于左腹，获明夷之心，于出门庭。

六五：箕子之明夷，利贞。

上六：不明，晦。初登于天，后入于地。

六四爻，刚进入圈子的边缘，就了解到光明陨落的内情，于是毅然离开这里。

六五爻，箕子在光明陨落时佯狂自保，利于坚守正道。

上六爻，失去光明，一片昏暗。起初登临天上，最终坠入地下。

注释 ❶《明夷》：卦名。本卦是异卦相叠，下离（☲）上坤（☷），离代表日，坤代表地。坤上离下，就是日没入地中之象。太阳既没，天地黑暗，前途莫测，象征"光明陨落"。❷ 明夷于飞，垂其翼："明夷于飞"喻反常，此处不可留。黄昏的时候，正是鸟儿归巢的时候，但此时的鸟儿却在往外飞。垂其翼，翅膀不敢高扬，轻轻地、悄悄地飞，逃走。王弼说："初处卦之始，最远于难也。远难过甚，明夷远遁，绝迹匿形，不由轨道，故曰'明夷于飞'；怀惧而行，行不敢显，故曰'垂其翼'也；尚义而行，故曰'君子于行'也；志急于行，饥不遑食，故曰'三日不食'也。"❸ 有言：有言在先，把话说在前头，可释为威吓、恐吓，也可释为"布置"。"主人"布置的这个任务不合理，他不愿干，故一逃了之。❹ 夷于左股：古人以右为重，以左为轻，这可能与大多数人习惯用右手、站立时也多偏向右腿有关。夷，通"痍"。"夷于左股"是轻伤。❺ 拯马：用于拯救的马。❻ 狩：狩猎，围歼。❼ 大首：解为大头野兽、兽王、主帅、主将、主力部队均可通。❽ 疾：迅速。

原文

《彖》曰：明入地中❶，《明夷》。内文明而外柔顺❷，以蒙大难，文王❸以之。

"利艰贞"，晦❹其明也。内难❺而能正❻其志，箕子以之。

译文

《彖辞》说：（下离上坤，离为明，坤为地）明入地中，是《明夷》卦。人们要内文明而外柔顺，来度过大劫难，周文王就是如此。

"在艰难的时候有利于坚守正直的品格"，隐藏自己的光明磊落的品德。即使在朝廷遭遇大难的时候，也能不改变自己的志向，箕子就是这样做的。

注释 ❶明入地中：《明夷》卦下卦为离、为日、为明，上卦为坤、为地。故称。❷内文明而外柔顺：内，内敛。文，漂亮的纹路。明，光明。内卦为离，光明；外卦为坤，柔顺。❸文王：商末周族领袖。姬姓，名昌，商纣时为西伯，亦称伯昌。曾被殷纣王囚禁于羑里（今河南汤阴县北）。❹晦：隐晦，隐藏。❺内难：内心难受。释为朝内有难，也通。❻正：维护。

原文

《象》曰：明入地中，《明夷》。君子以莅众，用晦而明。

"君子于行"，义不食也。

"六二"之"吉"，顺以则也。

"南，狩"之志，乃大得也。

"入于左腹"，获心意也。

箕子之"贞"，明不可息也。

"初登于天"，照四国也；"后入于地"，失则也。

译文

《象辞》说：太阳隐入地下，这就是《明夷》卦之象。君子领悟到，此时在众人面前，表现出糊涂透顶才是真正的明智。

（初九爻）"君子慌着赶路"，为的是不食不义之禄。

"六二爻"所说的"吉祥"，是指马匹驯良，知道该怎么做。

（九三爻）"于南方，乘时狩猎"的抉择，结果证明是大有收获的。

（六四爻）"刚进入圈子的边缘"，就觉得自己志不在此。

（六五爻）箕子的"坚守正道"，表达了光明是不会熄灭的。

（上六爻）"起初登临天上"，是说其德照四方之国；"最终坠入地下"，是因为其为所欲为（毫无规则可言）。

下经　明夷卦

```
上九 ▬▬▬▬▬
九五 ▬▬▬▬▬
六四 ▬▬ ▬▬
九三 ▬▬▬▬▬
六二 ▬▬ ▬▬
初九 ▬▬▬▬▬
```

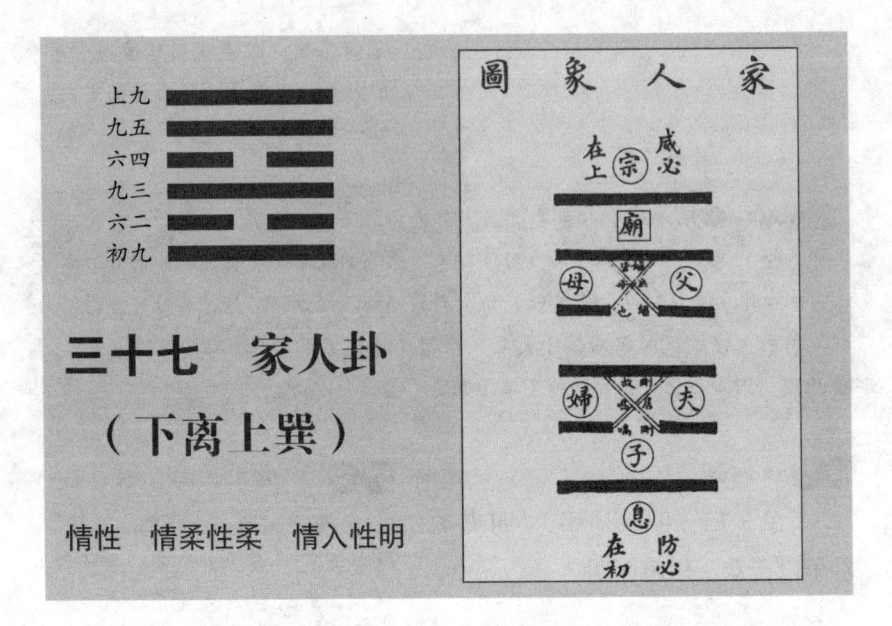

三十七 家人卦
（下离上巽）

情性　情柔性柔　情入性明

原文

《家人》❶：利女贞❷。

初九：闲有家❸，悔亡❹。

六二：无攸❺遂❻，在中馈❼，贞吉。

九三：家人嗃嗃❽，悔厉❾，吉。妇子嘻嘻❿，终吝⓫。

六四：富家，大吉。

九五：王假有家，勿恤，吉。

译文

《家人》卦象征家道兴旺：宜于女人守正。

初九爻，防患未然，家业兴旺，没有懊悔。

六二爻，外无所求，专心在家主持各种家务，一直如此，吉祥。

九三爻，家人嗃嗃叫，痛悔得厉害，吉祥。妻子儿女嘻嘻笑，最终有大麻烦。

六四爻，财富归家，大为吉利。

九五爻，王权（的稳固）依赖于每个家庭的兴旺，无须（为上九：有孚威如，终吉。

兴旺）担心，这是吉祥的。

上九爻，心存诚信，持家威严，最终吉祥。

注释 ❶《家人》：卦名。本卦是异卦相叠，下离（☲）上巽（☴），离为火、为内，巽为风、为外，内卦的"六二"与外卦的"九五"都得中，火得风助，女主内，男主外，各守中正，家道兴旺，所以卦名《家人》。❷ 利女贞：家内之事，女子为主要因素，故言利女人守正。《周易正义》："既修家内之道，不能知家外他人之事，统而论之，非君子丈夫之正，故但言'利女贞'。"❸ 闲有家：闲，栏栅，防范的意思。有家，家庭完整、兴旺。❹ 亡：消失。❺ 攸（yōu）：所。❻ 遂：求，成。❼ 中馈（kuì）：馈，供应食物。这里指负责家中饮食事宜。❽ 嗃（hè）嗃：众口愁也，对管得过紧的抱怨。❾ 厉：严重。❿ 嘻嘻：嘻嘻笑的样子。想要什么就有什么，故"嘻嘻"。⓫ 吝：困难，麻烦。

原文

《彖》曰：家人，女正位乎内，男正位乎外❶。男女正，天地之大义也。

家人有严君焉，父母之谓也。父父❷，子子，兄兄，弟弟，夫夫，妇妇，而家道正。正家，而天下定矣。

译文

《彖辞》说：家人卦，女在内（指六二爻以阴居阴，居中得正，在内卦），以中正之道守其位；男在外（指九五爻以阳居阳，居中得正，在外卦），以中正之道守其位。男女各守正道，符合天地阴阳和合的大义。

家里有尊严的长辈，就是父母。做父亲的要尽父亲的责任，做儿子的要尽儿子的责任，做兄长的要尽兄长的责任，做弟弟的要尽弟弟的责任，做丈夫的要尽丈夫的责任，做妻子的要尽妻子的责任，各人安守本分，家道就正了，那么天下也就安定了。

注释 ❶女正位乎内,男正位乎外:家人卦"六二"在内卦居中位,以阴爻居阴位得中正;"九五"在外卦居中位,以阳爻居阳位得中正。❷父父:第一个"父"是名词,像父亲那样,第二个"父"字是动词,做父亲。以下用法相同。

原文

《象》曰:风自火出❶,《家人》。君子以言有物而行有恒。

"闲有家",志未变也。

"六二"之"吉",顺以巽也。

"家人嗃嗃",未失❷也;"妇子嘻嘻",失家节❸也。

"富家,大吉",顺在位❹也。

"王假有家",交相爱也。

"威如"之"吉",反身❺之谓也。

译文

《象辞》说:风助火势,这就是《家人》卦之象。君子由此领悟到,说话应该言之有物,做事应该持之以恒。

(初九爻)"防患未然,家业兴旺",是说同心之志未变。

"六二爻"所说的"吉祥",是由于主妇柔顺而又谦逊。

(九三爻)"家人嗃嗃叫",是因为未敢放逸;"妻子儿女嘻嘻笑",是失去了节制之兴家之道。

(六四爻)"财富归家,大为吉利",是由于顺从尊重自己的丈夫。

(九五爻)"王权依赖于每个家庭的兴旺",这样君王和百姓就可以互相爱护了。

(上九爻)"持家威严"的"吉祥",是说正人先正己。

注释 ❶风自火出:《家人》卦下离上巽,离为火,巽为风,火内风外,火指明德,风指教化,先有明德而后能教化,故先要讲究言行,以取信于人。❷未失:未,没有。失,佚,佚乐,放逸。❸节:节制。❹顺在位:"六四"

居于"九五"之下，以阴爻承顺阳爻，又是以阴爻处于阴位，故曰"顺在位"。用通俗的话讲，有一个柔顺的好妻子，丈夫愿意把钱都交给家里。❺ 反身：反求诸己，先从自己身上找问题的原因，要求别人做的首先自己要做到。

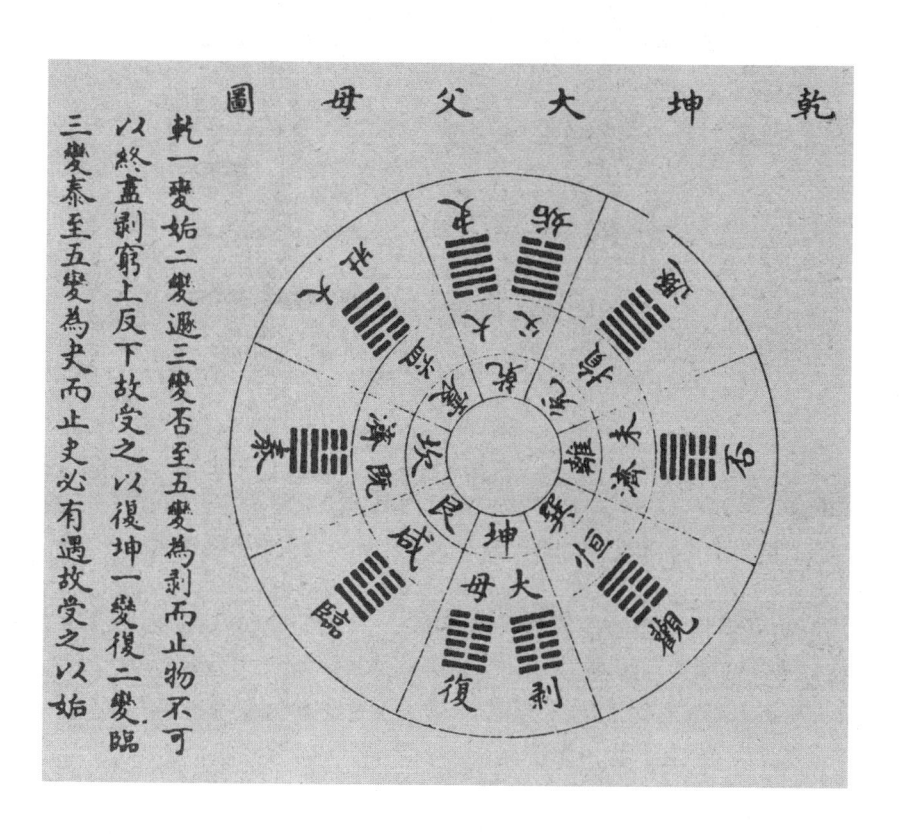

乾坤大父母图

乾一变姤二变遁三变否至五变为剥而止物不可以终尽剥穷上反下故受之以复坤一变复二变临三变泰至五变为夬而止夬必有遇故受之以姤

下经　家人卦　131

上九
六五
九四
六三
九二
初九

三十八　睽卦
（下兑上离）

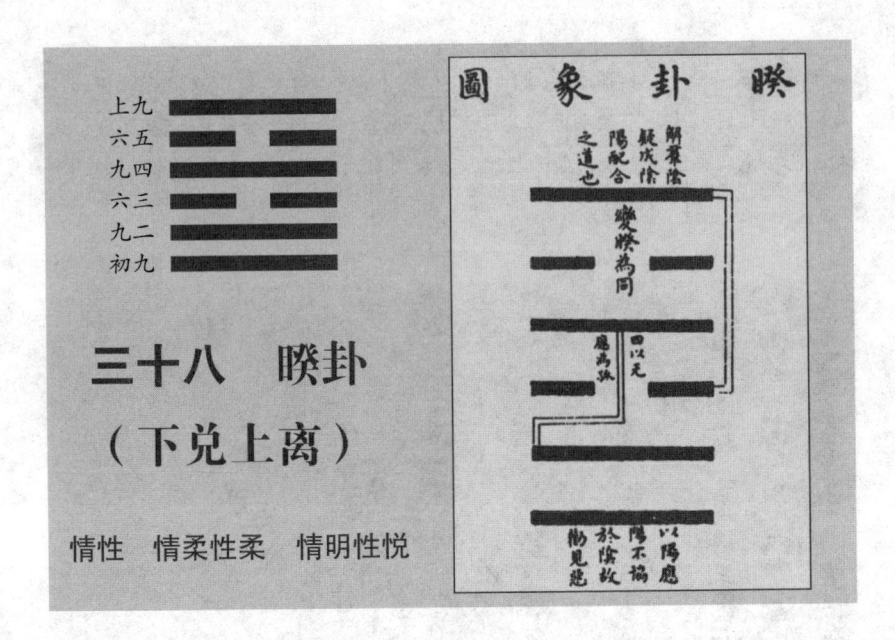

情性　情柔性柔　情明性悦

原文

《睽》❶：小事吉❷。

初九：悔亡❸。丧❹马，勿逐，自复❺。见恶人，无咎。

九二：遇主于巷，无咎。

六三：见舆曳❻，其牛掣，其人天且劓。无初有终。

九四：睽孤。遇元夫，交孚，厉，无咎。

译文

《睽》卦象征隔离：小心处世，可获吉祥。

初九爻，懊悔消失。马丢了，不用追，它自会回来。往见（与己对立的）恶人，也没有什么害处。

九二爻，在小巷中遇到（过去的）主人，没有害处。

六三爻，见到大车拖曳难行，驾车的牛使不上力，驾车的人也受了墨刑和劓刑。起步艰难，但还是到了目的地。

九四爻，离异孤单。遇到原配前夫，仍以诚相待，虽说他态度不好，但也没有再伤害。

六五：悔亡，厥宗噬肤，往，何咎？

上九：睽孤。见豕负涂，载鬼一车；先张之弧，后说之弧。匪寇，婚媾。往，遇雨则吉。

六五爻，悔恨消失，虽然是受了宗主的墨刑，但现在前往他处，还能有何害？

上九爻，离异孤单。（心神恍惚）先是看见一头大猪低头赶路，接着看见满车的妖魔鬼怪；先是张弓欲射，后来（待看清了）就放下了弓。原来不是强盗，而是迎亲的队伍。继续往前，遇雨就有吉祥了。

注释 ❶《睽》(kuí)：卦名。本卦为异卦相叠，下兑（☱）上离（☲），兑为泽，离为火。水火不容，彼此相克。相克则相生，循环无穷尽。《序卦传》："睽，乖也。"象征矛盾隔阂。❷ 小事吉：小，阴柔之称，此处含"小心"之义。凡物相睽，必须以柔顺的方法，小心寻求其中可合之处，才能转"乖睽"为"谐和"。❸ 亡：消失。❹ 丧：丢失、跑掉。❺ 复：返回。❻ 舆曳：舆，车。曳(yè)，拉，被拖住了。

原文

《彖》曰：睽，火动而上，泽动而下❶，二女同居❷，其志不同行。

说而丽乎明❸，柔进而上行，得中而应乎刚❹。是以"小事吉"。

天地睽而其事同也，男女睽而

译文

《彖辞》说：睽卦，（下兑上离，兑为泽，离为火）火动而上，泽动而下，（离为中女，兑为少女）二女同居，她们所思所想并不相同。

（兑是悦，离是明）和悦而依附着光明，柔进而上升，（六五居上卦中位，柔而得中；九二阳爻居下卦中位，为刚，与六五的柔相应）刚柔得中而相应，所以做小事则获得吉利。

天地乖离，而万事万物才能

下经 睽卦 133

其志通也，万物睽而其事类也。

睽之时用[5]大矣哉！

萌生；男女性别不同，才能相互吸引、情投意合；天下万物差别不同，才能让各自有各自的归类、作用。

如何运用好睽的时机掌握起来真是太重要了！

注释 ❶ 火动而上，泽动而下：《睽》卦的下卦为兑、为泽，表示水向下流动的特性；上卦为离、为火，表示火向上升腾的特性。❷ 二女同居：此处将离说成"中女"，将兑说成"少女"，二女同居，必然想法不同。❸ 说而丽乎明：兑为悦，离为日，和悦而依附着光明。❹ 得中而应乎刚："六五"为阴处上卦中位，柔；"九二"为阳处下卦中位，刚。二爻相应。❺ 时用：指最佳时机下的应用。

原文

《象》曰：上火下泽，《睽》。君子以同而异❶。

"见恶人"，以辟❷咎也。

"遇主于巷"，未失道也。

"见舆曳"，位不当❸也；"无初有终"，遇刚❹也。

"交孚，无咎"，志行也。

译文

《象辞》说：上面是火，下面是水，火炎上而水浸下，这就是《睽》卦之象。君子由此领悟到，应求大同而存小异。

（初九爻）"往见（与己对立的）恶人"，是为了主动消除灾祸。

（九二爻）"在小巷中遇到（过去的）主人"，是说并没有做什么（对不起他的）失礼之事。

（六三爻）"见到大车拖曳难行"，是因为（用力的）位置不当；"起步艰难，但还是到了目的地"，是说遇合了"阳刚"。

（九四爻）"以诚相待，没有伤害"，是说都还想消除隔阂。

"厥宗噬肤"，往有庆也。

"遇雨"之"吉"，群疑亡也。

（六五爻）"受了宗主的墨刑"，离开本身就值得庆贺。

（上九爻）"遇雨"的所谓"吉祥"，是说众人再没有（他是否孤僻的）疑问了。

注释 ❶ 同而异：求同的时候，也保留双方各自的特点。❷ 辟：通"避"。❸ 位不当："六三"以阴爻而居阳位，故曰"位不当"。❹ 遇刚："六三"乃下卦之上位，与上卦的上位"上九"相应。以男女关系相比，就是找到了要找的男人。

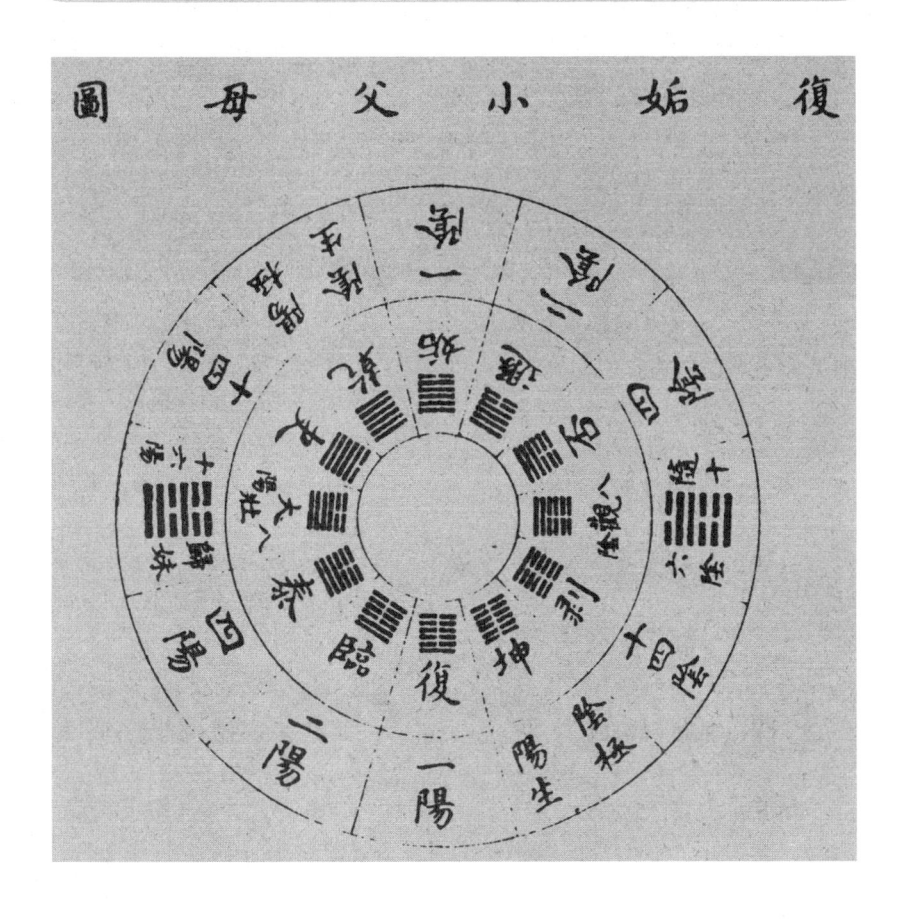

上六
九五
六四
九三
六二
初六

三十九 蹇卦
（下艮上坎）

情性　情刚性刚　情险性止

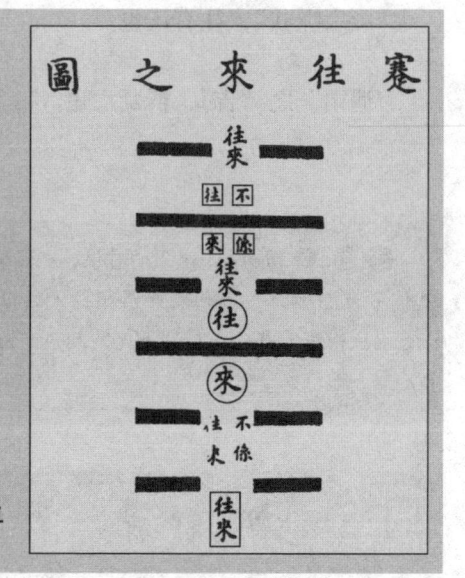

圖之來往蹇

原文

《蹇》❶：利西南，不利东北。利见大人❷，贞吉。

　　初六：往蹇，来誉❸。

　　六二：王臣蹇蹇，匪躬❹之故。

　　九三：往蹇，来反。

　　六四：往蹇，来连❺。

　　九五：大蹇，朋来。

译文

《蹇》卦象征行走艰难：利于往西南方向，不利于东北方向。应寻求"大人"的帮助，一直如此，可获吉祥。

　　初六爻，前去艰难，归来闲适。

　　六二爻，君王之臣多次历经艰难，不是为了自家私事。

　　九三爻，前去艰难，及早返回。

　　六四爻，前去艰难，归来联合众人。

　　九五爻，十分艰难，朋友纷纷来助。

上六：往蹇，来硕❻。吉。利见大人。

上六爻，前去艰难，归来大有收获，吉祥。还需要寻求"大人"的帮助。

注释 ❶《蹇》(jiǎn)：卦名。本卦为异卦相叠，下艮（☶）上坎（☵），艮为山，坎为水。山高水险，喻人行路艰难，所以卦名曰《蹇》。《说文》："蹇，跛也。"跛脚，行走不便。❷利见大人：参见乾卦条。❸往蹇，来誉：往，前进、出行。蹇，困难、艰险。来，返回。誉，闻一多认为"读起趜"，《说文》："趜，安行也。"❹匪躬：匪，通"非"。躬，身体、自己。❺连：连接，结合。❻硕：大，丰富。

原文

《彖》曰：蹇，难也，险在前也。

见险而能止❶，知❷矣哉！

蹇，"利西南"，往得中也。

"不利东北"，其道穷也。

"利见大人"，往有功也。

当位"贞吉"❸，以正邦也。

蹇之时用大矣哉！

译文

《彖传》说：蹇卦，行路艰难，危险在前。

如能见险止步，就是智慧了啊！

蹇卦，"利西南"，去那边会顺处于平易之地。

"不利东北"，这个方向是走不通的。

"利见大人"，是因为那样更容易建功。

君臣（九五爻与六二爻）各在自己的位子上，从而能够靖国安邦。

掌握好运用《蹇》卦的时机真是太重要了！

注释 ❶见险而能止：《蹇》卦下卦为艮、为止，上卦为坎、为险。❷知：通"智"。❸当位"贞吉"：卦象中，六二爻为阴，居阴位，九五爻为阳，居阳位，都得中得正。

原文

《象》曰：山上有水❶，《蹇》。君子以反身❷修德。

"往蹇，来誉"，宜待也。

"王臣蹇蹇"，终无尤❸也。

"往蹇，来反"，内喜之也。

"往蹇，来连"，当位实也❹。

"大蹇，朋来"，以中节❺也。

"往蹇，来硕"，志在内也；"利见大人"，以从贵也。

译文

《象辞》说：山上有水，山高水险，这就是《蹇》卦之象。君子由此领悟到，应反求诸己，修养内在品德。

（初六爻）"前去艰难，归来闲适"，是说还需要等待。

（六二爻）"君王之臣多次历经艰难"，最后不会有过失。

（九三爻）"前去艰难，及早返回"，是说内部正喜欢（希望）如此。

（六四爻）"前去艰难，归来联合众人"，是因为他位置适当、措施实在。

（九五爻）"十分艰难，朋友纷纷来助"，是由于他有着中正的节操。

（上六爻）"前去艰难，归来大有收获"，是由于他志在联合内部。"还需要寻求'大人'的帮助"，是还需借助尊贵"大人"的号召力来使众人跟从。

注释 ❶山上有水：《蹇》卦下艮上坎，艮表山，坎表水。❷反身：反求诸己。❸尤：过失。❹当位实也："六四"阴爻居阴位。❺中节：中正的节操。

上六 ▅▅ ▅▅
六五 ▅▅ ▅▅
九四 ▅▅▅▅▅
六三 ▅▅ ▅▅
九二 ▅▅▅▅▅
初六 ▅▅ ▅▅

四十　解卦
（下坎上震）

情性　情刚性刚　情动性险

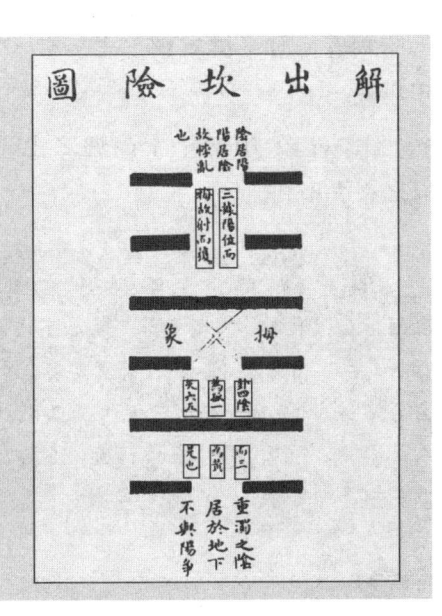

原文

《解》❶：利西南❷。无所往，其来复，吉。有攸往，夙❸吉。

初六：无咎。

九二：田❹获三狐，得黄矢❺，贞吉。

六三：负且乘，致寇至，贞吝。

九四：解而拇，朋至斯孚。

译文

《解》卦象征危难解除：利于众人（解济）。已无须前往，各人安居乐业，吉祥。如果要有所前往，应该早点去，吉祥。

初六爻，没有灾祸。

九二爻，田猎时打到三只狐狸，又捡到黄色箭矢，一直如此，吉祥。

六三爻，背着重物，坐在车上，这会招来强盗，一直如此，危险。

九四爻，解开绊脚的东西（小人），朋友就会前来，因为你值得信任。

下经　解卦

六五：君子维有解，吉，有孚于小人。

六五爻，君子被困而得以解脱，吉祥，仍以诚信感化小人。

上六：公用射隼于高墉之上，获之，无不利。

上六爻，王公箭射鹘隼于高墙之上，射中了，无所不利。

注释 ❶《解》：卦名。本卦为异卦相叠，下坎（☵）上震（☳），坎代表雨，震代表雷。雷雨交加，荡涤宇内。阴阳交合，惊蛰震伏。万象更新，万物复生。内卦坎是险，外卦震是动，象征走出困难，使困难解除，故而命名为《解》。❷利西南：王弼注："西南，众也。""利西南"就是利于解济众人。❸夙（sù）：早。❹田：通"畋"，狩猎。❺黄矢：黄色的箭镞，指装有黄铜箭头的箭。

原文

《彖》曰：解，险以动❶，动而免乎险，解。解，"利西南"，往得众❷也。

"其来复吉"，乃得中也。"有攸往夙吉"，往有功也。天地解而雷雨作，雷雨作而百果草木皆甲坼❸。解之时大矣哉！

译文

《彖辞》说：舒解危难，需要在危险中的英勇行动，由于英勇的行动而免除了危险，就是解卦。解，利于往西南行走，可以得到众人的帮助。

"其来复吉"，是得到了正道。"有攸往夙吉"，前往则会建立功业。天地不相交通之气已经消散，雷雨兴起。雷雨兴起而百果草木都开始破土萌芽。把握《解》卦的时机真的非常重要啊！

注释 ❶险以动：《解》卦下卦坎为险，上卦震为动，故称。❷得众：指得到众人的帮助、支持。❸甲坼（chè）：土下的秧苗让地面开裂，喻指新事物动摇旧秩序的根基。甲，指苗在土下。坼，开裂。

原文

《象》曰：雷雨作❶，《解》。君子以赦过宥罪❷。

刚柔之际❸，义"无咎"也。

"九二，贞吉"，得中道也❹。

"负且乘"，亦可丑❺也；自我致戎，又谁咎也。

"解而拇"，未当位❻也。

"君子有解"，小人退也。

"公用射隼"，以解悖也。

译文

《象辞》说：雷鸣雨落，这就是《解》卦之象。君子由此领悟到，应赦免过错，宽宥罪人。

（初六爻）刚柔能够相济，从道理上讲应该"没有灾祸"。

"九二爻，一直如此，吉祥"，关键在于守住了中道。

（六三爻）"背着重物，坐在车上"，行为一点也不大方；是自己招来贼寇，而不是有人要害他。

（九四爻）"解开绊脚的东西（小人）"，是还需要进到当进的位置。

（六五爻）"君子得以解脱"，是说再没有小人的纠缠。

（上六爻）"王公箭射鹘隼"，是为了消除悖逆。

注释 ❶雷雨作：《解》卦上卦为震、为雷，下卦为坎、为雨。❷赦过宥罪：赦过，免除记过。宥（yòu），宽恕。所谓"大赦天下"。❸刚柔之际："初六"阴爻，上应"九四"阳爻。❹得中道也："九二"居于下卦之中位。❺可丑：让人看不惯。❻未当位："九四"阳爻居阴位。

上九 ▬▬ ▬▬
六五 ▬▬ ▬▬
六四 ▬▬ ▬▬
六三 ▬▬▬▬▬
九二 ▬▬▬▬▬
初九 ▬▬▬▬▬

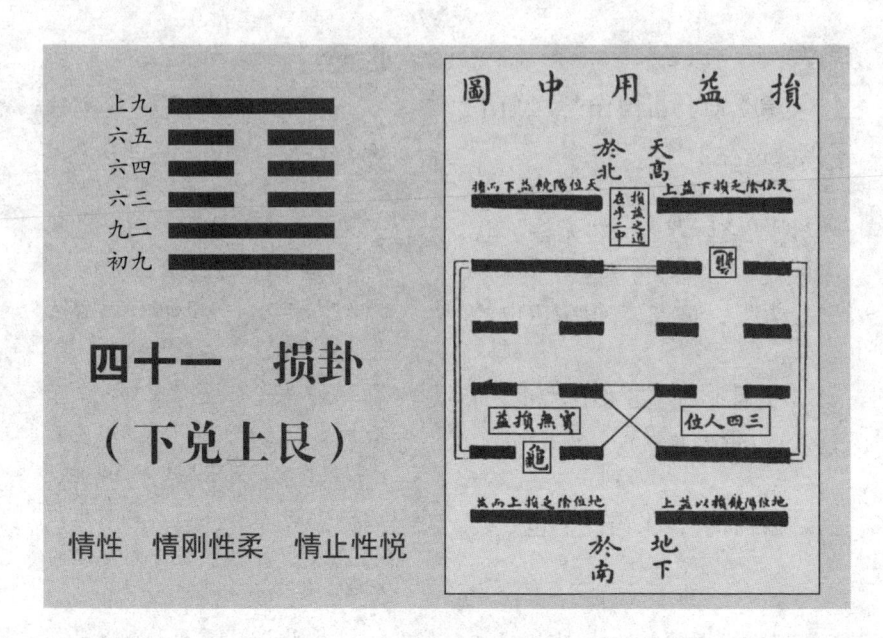

四十一　损卦
（下兑上艮）

情性　情刚性柔　情止性悦

原文

《损》❶：有孚❷，元❸吉，无咎，可贞，利有攸❹往。曷❺之用？二簋可用享❻。

初九：已❼事遄❽往，无咎；酌损之。

九二：利贞，征凶；弗损益之。

六三：三人行，则损一人；一人行，则得其友。

译文

《损》卦象征减损：怀有诚信，大为吉祥，没有过失，可以坚持如此，利于有所前往。如何运用（减损）？（只要心诚）两盘祭品就可以完成祭祀活动。

初九爻，祭祀之事，宜速前往，没有过失；（祭品）可以考虑减少一些。

九二爻，利于守正，出征有凶险；不要擅自减少或增加（关于出征的消息、账目、钱粮之类的东西）。

六三爻，三人同行，会有一人离去；一人出行，会找到一个朋友。

六四：损其疾，使遄有喜，无咎。

六五：或益之十朋之龟，弗克违；元吉。

上九：弗损益之，无咎，贞吉。利有攸往，得臣无家。

六四爻，减少心患，尽快好转，没有过失。

六五爻，就是加上价值"十朋"的大宝龟，也不能得出（与减损之祭）不一样的结果；（减损之祭）大为吉祥。

上九爻，不擅自减少或增加（消息、账目、钱粮之类的东西），没有过失，一直如此，吉祥。这样利于有所前往，将获得许许多多臣仆。

注释 ❶《损》：卦名。本卦为异卦相叠，下兑（☱）上艮（☶），兑代表泽，艮代表山。上山下泽，有大泽冲蚀山根之象，故名曰《损》。《说文》："损，减也。""损"的对字是"益"。这是下一个卦。❷孚：孚信、诚信。❸元：始、大。❹攸：所。❺曷（hé）：疑问词，何以。❻簋可用享：簋（guǐ），古代的盛饭器，竹制。享，飨也，祭祀。❼巳：《释文》："巳，虞作祀。"《集解》本作祀。❽遄（chuán）：迅速、快速。

原文

《彖》曰：《损》，损下益上，其道上行❶。损而"有孚，元吉，无咎，可贞，利有攸往。曷之用？二簋可用享"。

二簋应有时，损刚益柔有时。损益盈虚，与时偕❷行。

译文

《彖辞》说：《损》卦之象，减少下面，增加上面，其规律总是向上走的。减了，才能"怀有诚信，大为吉祥，没有过失，可以坚持如此，利于有所前往。如何运用？两盘祭品就可以完成祭祀活动"。

两盘祭品如果能应合时宜，减少刚硬增加柔和就更能合乎时宜。减少、增加、充满、虚空，是随时态的变化而变化的。

下经 损卦 143

注释 ❶ 上行：犹言"向上奉献"。❷ 偕：同。《周易正义》："龟足非短，鹤胫非长，何须损我以益人？虚此以盈彼？但有时宜用，故应时而行。"

原文

《象》曰：山下有泽❶，《损》。君子以惩忿窒欲❷。

"已事遄往"，尚合❸志也。

"九二，利贞"，中以为志也。

"一人行"，"三"则疑也。

"损其疾"，亦可"喜"也。

"六五，元吉"，自上祐也。

"弗损益之"，大得志也。

译文

《象辞》说：高山之下有水泽，这就是《损》卦之象。君子由此领悟到，应抑制愤愤不平之心，控制多欲之念。

（初九爻）"祭祀之事，宜速前往"，是为了勘合激励自己的志向。

"九二爻，利于守正"，是因为以奉行中道为志愿。

（六三爻）"一人出行"（容易达到目的），"三人"则互相猜疑。

（六四爻）"减少心患"，这就是可"喜"之事。

"六五爻，大为吉祥"，是因为有来自"上天"的护佑。

（上九爻）"不擅自减少或增加"，就可以宏图大展。

注释 ❶ 山下有泽：《损》卦下兑上艮，兑代表泽，艮代表山。《周易正义》："泽在山下，泽卑山高，似泽之自损以崇山之象也。" ❷ 惩忿窒欲：惩，止。忿，愤。窒，堵。❸ 尚合：尚，崇尚，为了。合，印证。

四十二　益卦
（下震上巽）

上九
九五
六四
六三
六二
初九

情性　情柔性刚　情入性动

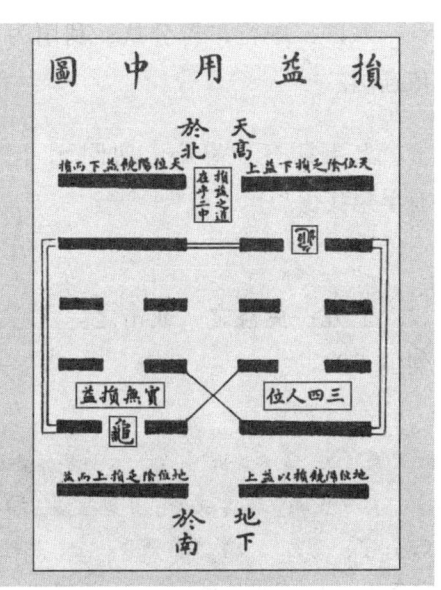

原文

《益》❶：利有攸往，利涉大川。

初九：利用为大作❷，元吉，无咎。

六二：或益之十朋之龟，弗克违，永贞吉；王用享❸于帝，吉。

六三：益之，用凶事❹，无咎；有孚中行，告公用圭❺。

译文

《益》卦象征增益：利于有所前往，利于渡过大江大河。

初九爻，利于用来实现大的作为，大为吉祥，没有灾祸。

六二爻，就是加上价值"十朋"的大宝龟，也不能得出不一样的结果，永守正道才是真正的吉祥；君王以此祭拜天帝，同样吉祥。

六三爻，增益，一般用于（救灾一类的）凶事，没有过错。满怀诚信，中道前行，（回来）报告王公需用手持玉珪的正式礼仪。

下经　益卦　145

六四：中行，告公从；利用为依迁国。

六四爻，中道前行，（回来）报告王公得到认可；可以作为依据而迁徙国都。

九五：有孚惠心，勿问元吉。有孚惠我德。

九五爻，只要满怀诚信和惠心，不用问就知道是大为吉祥。怀有诚信可以增加一个人的道德力量。

上九：莫益之，或击之。立心勿恒，凶。

上九爻，不仅无人帮助，甚至还要被攻击。立下的誓愿老是变来变去，前途凶险。

注释 ❶《益》：卦名。本卦是异卦相叠，下震（☳）上巽（☴），震代表雷，巽代表风。风雷激荡，其势愈增。❷大作：大事，大有作为。❸享：飨。❹凶事：受灾死人等。❺用圭：圭，即珪。古代贵族在正式场合见面，必须手执玉珪，以表示身份和礼貌。

原文

《彖》曰：《益》，损上益下，民说❶无疆；自上下下❷，其道大光。

"利有攸往"，中正有庆❸。

"利涉大川"，木道乃行❹。

《益》动而巽❺，日进无疆，天施地生，其益无方。

凡益之道，与时偕行。

译文

《彖辞》说：《益》卦之象，减少上面增加下面，民众喜悦无穷；位居上而能尊重下面，增益之道就可以光芒四照。

"利于有所前往"，是因为持守中正之道，故而能得到喜庆的结果。

"利于渡过大江大河"，是说靠了木船乃得以在水上航行。

《益》卦象征运动不已但又顺从规律，天天进步，没有止境，就像天施阳光雨露、地生万物，其增益的方式不分地域和对象。

所有的增益之法则，都是随时间的变化而变化的。

注释 ❶说：通"悦"。❷下下：第一个"下"字是动词，第二个"下"字是名词。❸中正有庆：下卦的"六二"和上卦的"九五"，都得"中正"。❹木道乃行：《益》卦下震上巽，震代表动，巽代表木，"动"推动着"木"，象征木船在水上行。❺《益》动而巽：《益》卦下震上巽，震代表动，巽代表顺。

原文

《象》曰：风雷❶，《益》。君子以见善则迁，有过则改。

"元吉，无咎"，下不厚事❷也。

"或益之"，自外来也。

"益用凶事"，固有之也。

"告公从"，以益志也。

"有孚惠心，勿问"之矣；"惠我德"，大得志也。

"莫益之"，偏辞也；"或击之"，自外来也。

译文

《象辞》说：风驰雷鸣，这就是《益》卦之象。君子受此启发，见善则从之，有过则改之。

（初九爻）"大为吉祥，没有灾祸"，是说下面用不着多上交。

（六二爻）"就是加上"，是指从外边送来的。

（六三爻）"增益，一般用于凶事"，这是一贯的做法。

（六四爻）"报告王公得到认可"，这样信心就增强了。

（九五爻）肯定了"只要满怀诚信和惠心，不用问就知道（吉祥）"；"可以增加一个人的道德力量"，这样他就可以大展抱负了。

（上九爻）"无人帮助"，是因为大家普遍认为（他不值得帮助）；"还要被攻击"，这是他没有料到的。

注释 ❶风雷：《益》卦上巽为风，下震为雷。❷厚事：厚，多。事，侍奉。

四十三 夬卦
（下乾上兑）

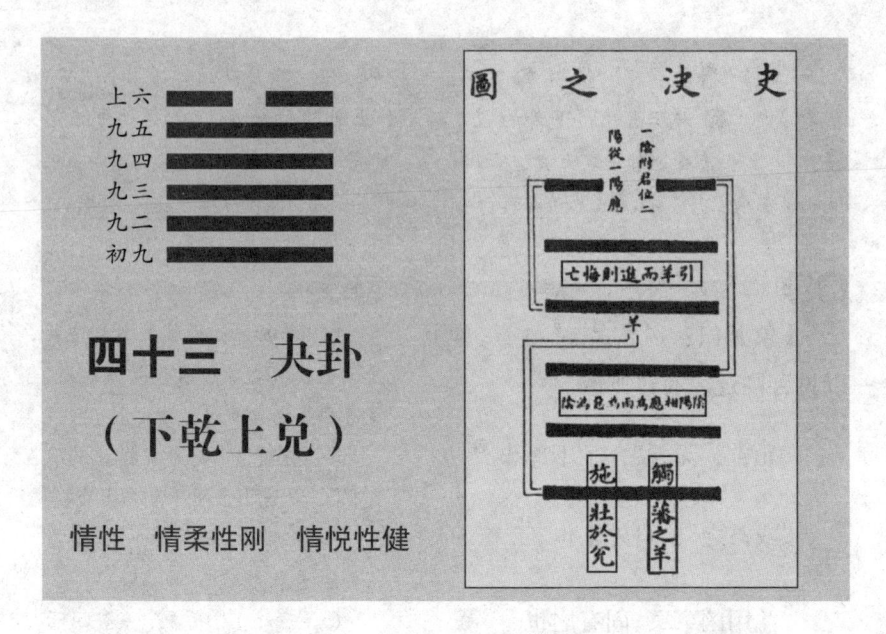

情性　情柔性刚　情悦性健

原文

《夬》❶：扬于王庭❷，孚号有厉❸，告自邑❹，不利即戎❺，利有攸往。

初九：壮❻于前趾，往不胜，为咎。

九二：惕号莫夜，有戎勿恤。

九三；壮于頄，有凶。君子夬夬独行，遇雨若濡，有愠，无咎。

译文

《夬》卦象征决断：在王庭上揭露小人的阴谋，诚心诚意大声疾呼，报告自己邦邑的真实情况，不宜马上出兵武力解决，宜于前往妥善处置。

初九爻，撞伤了脚（趾骨折），不能胜任前往，勉强前往，有害（耽搁了问题的解决）。

九二爻，连夜不断发出警惕的呼号，虽然有人主张战争，但请大家不要担心。

九三爻，撞伤了脸（颧骨骨折），（本邦邑）可能有凶险。君子只好决然独行（前往解决问九四：臀无肤，其行次且；牵羊悔亡，闻言不信。

九五：苋陆夬夬，中行无咎。

上六：无号，终有凶。

题），途中遇雨，淋得透湿，心中恨透了小人们，没有灾祸。

九四爻，臀部没有一块完整的皮肤，行走趑趄；只要把羊牵牢，就可以没有懊悔，但听到了这个告诫却不相信。

九五爻，对马齿苋要坚决除掉，中道前行，没有灾害。

上六爻，如果没有（正义的）呼号，（决策）一定会有凶险。

注释 ❶《夬》(guài)：卦名。本卦为异卦相叠，下乾（☰）上兑（☱），乾代表天，兑代表泽。泽在天上，洪水滔天，冲决堤防，所以卦名曰《夬》。夬，决也。❷扬于王庭：扬，揭发，揭露。王庭，君王办公、百官朝会之所。❸孚号有厉：孚，诚。号，呼号。厉，猛烈。❹告自邑：报告自己邦邑的情况。❺即戎：即，立即。戎，武装，指军事行动。❻壮：借为戕，即伤。从马融说（《释文》）。兑也有毁折（戕）之意，故伤。"扬于王庭"时可能争吵得非常厉害，或者是气得踢柱子，或者是打了起来，所以弄伤了脚，第二天又弄伤了脸。

原文

《彖》曰：《夬》，决❶也。

刚决柔❷也。健而说❸，决而和❹。

"扬于王庭"，柔乘五刚❺也。

"孚号有厉"，其危乃光也。

译文

《彖辞》说：《夬》卦之象，决断也。

寓意阳刚君子裁决阴柔小人，刚健果断而又使人心悦诚服，除去阴柔而又不影响和平稳定。

"在王庭上揭露小人的阴谋"，是因为阴柔小人驾驭了五个阳刚君子。

"诚心诚意大声疾呼"，是为了使危险的阴谋暴露在光天化日

下经　夬卦

"告自邑，不利即戎"，所尚乃穷也。

"利有攸往"，刚长乃终也。

之下。

"报告自己邦邑的真实情况，不宜马上出兵武力解决"，因为这是下下策。

"宜于前往妥善处置"，是说阳刚还会壮大，并以胜利告终。

注释 ❶决：决定、决断、果决。❷刚决柔：刚，指卦中五阳爻；柔，指"上六"一阴爻。也可指下卦乾和上卦兑。❸健而说：《夬》卦下乾上兑，乾代表健，兑代表悦。❹决而和：《周易正义》："乾健而兑说，健则能决，说则能和。"❺柔乘五刚：柔，指"上六"；五刚，即下面五阳。乘，欺凌，玩弄于股掌。

原文

《象》曰：泽上于天❶，《夬》。君子以施禄及下，居❷德则忌。

"不胜而往"，咎也。

"有戎勿恤"，得中道也。

"君子夬夬"，终"无咎"也。

"其行次且"，位不当也。"闻言不信"，聪不明也。

"中行无咎"，中未光也。

译文

《象辞》说：雨水在天上，这就是《夬》卦之象。君子由此领悟到，应及早施放好处到下面，施惠之德如果积留不动，乃是大忌。

（初九爻）"不能胜任（前往）"，当然有害。

（九二爻）"虽然有人主张战争，但请大家不要担心"，是因为处于中道。

（九三爻）"君子只好决然（独行）"，结果就是"没有灾祸"。

（九四爻）"行走趑趄"，是没有把位置摆正。"听到了这个告诫却不相信"，是说其头脑已经不能明辨事理。

（九五爻）"中道前行，没有

"无号"之"凶",终不可长也。

灾害",是说要保持中道,使其光大。

(上六爻)"没有(正义的)呼号"而存留的"凶险",最终是长不了的。

注释 ❶泽上于天:《夬》卦下乾上兑,乾代表天,兑代表泽。《周易集解》引陆绩曰:"水气上天,决降成雨,故曰'夬'。" ❷居:处,停,积也。

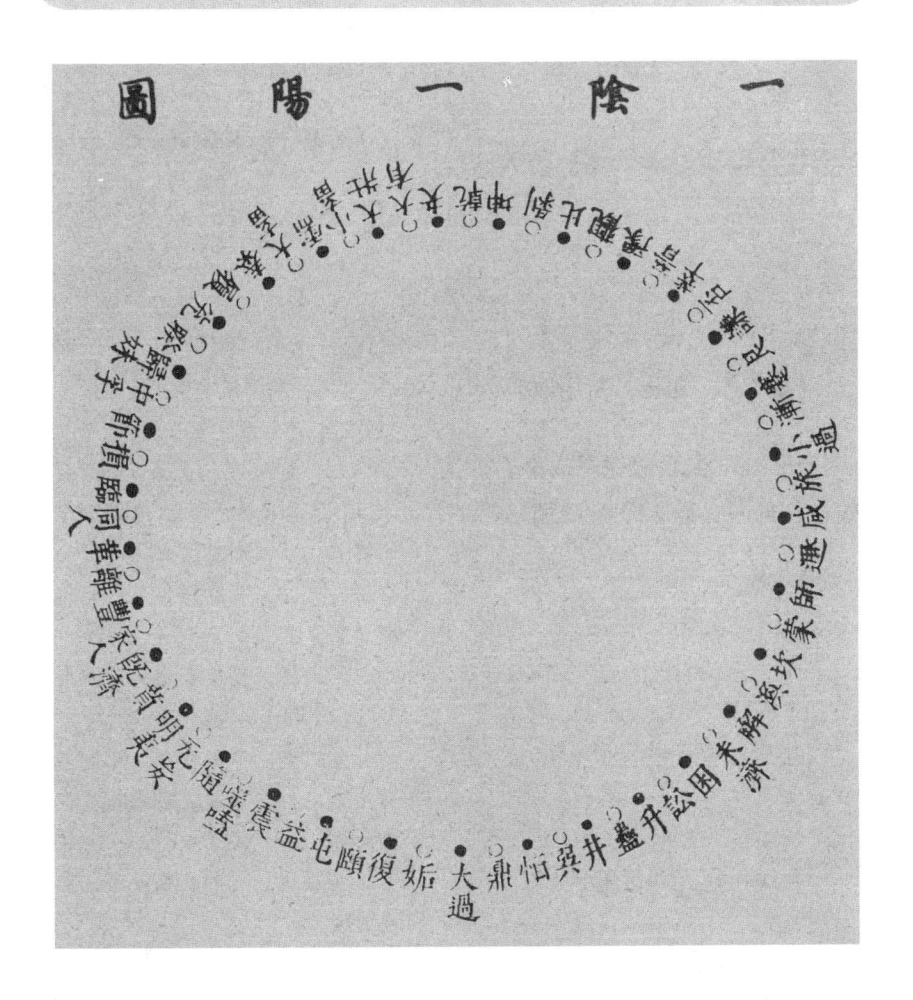

下经 夬卦

上九
九五
九四
九三
九二
初六

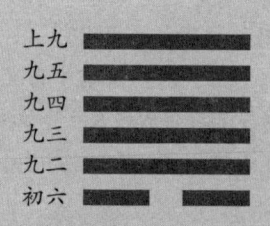

四十四　姤卦
（下巽上乾）

情性　情刚性柔　情健性入

原文

《姤》❶：女壮，勿用取❷女。

初六：系于金柅❸，贞吉。有攸往，见凶，羸豕❹孚蹢躅。

九二：包有鱼，无咎，不利宾。

九三：臀无肤，其行次且，厉，无大咎。

九四：包无鱼，起凶。

译文

《姤》卦象征遇合：女子过于"强悍"，不能娶作妻子。

初六爻，（安全）系于好的刹车，一直如此，吉祥。（如果刹车不好就）有所前往，肯定会遇到凶险，就像一头瘦弱浮躁的母猪到处乱撞。

九二爻，成家娶妻，没有灾祸，但不利于再多结交宾朋了。

九三爻，臀部没有一块完整的皮肤，行走越趄，很严重，但无大祸。

九四爻，家中鱼都没了，苗头凶险。

九五：以杞包瓜。含章，有陨自天。

上九：姤其角，吝，无咎。

九五爻，用杞柳编好了摇篮，迎接儿子的降生。希望他有玉一样的品德，他是上天降落的礼物。

上九爻，合于角落，虽有遗憾，但无灾祸。

> **注释** ❶《姤》(gòu)：卦名。本卦为异卦相叠，下巽（☴）上乾（☰），巽代表风，乾代表天。天下有风，吹拂万物，阴阳交遇，万物盛壮。❷ 取：通"娶"。❸ 金柅：金，黄铜。柅（ní），车闸片，《周易正义》引马融曰："在车之下，所以止轮令不动者也。"系于金柅，即言不要忘记刹车或没有刹车就上路了。❹ 羸（léi）豕：瘦弱的猪。

原文

《彖》曰：《姤》，遇也，柔遇刚❶也。"勿用取女"，不可与长❷也。

天地相遇，品物咸章❸也。刚遇中正❹，天下大行也。姤之时义大矣哉！

译文

《彖辞》说：《姤》卦就是象征遇合，阴柔遇合阳刚。"不能娶作妻子"，因为时间长了受不了。

天地间阴阳遇合，万物就有伸展的机会。阳刚遇合了中正之位，其志向就可以大行天下。《姤》卦时态的蕴含，真是丰富啊！

> **注释** ❶ 柔遇刚：《姤》卦六爻之中，只有最下的初六是阴爻，上面五爻都是阳爻，阴柔出而上进，所遇者全是阳刚，故曰"柔遇刚"。❷ 不可与长：这是以卦象比喻人事。一阴五阳，这样的女人太"强"了。❸ 品物咸章：品，种类。品物，即物类、万物也。咸，皆。章，通"彰"，彰显。❹ 刚遇中正："九五"居上卦之中，得中。阳爻阳位，得正。

下经　姤卦　153

原文

《象》曰：天下有风❶，《姤》。后❷以施❸命诰❹四方。

"系于金柅"，柔道牵❺也。

"包有鱼"，义❻不及宾也。

"其行次且"，行未牵也。

"无鱼"之"凶"，远民也。

"九五，含章"，中正也；"有陨自天"，志不舍命也。

"姤其角"，上穷吝也。

译文

《象辞》说：风行天下，这就是《姤》卦之象。君王因此有所领悟，施行法令，颁告四方。

（初六爻）"系于好的刹车"，是说阴柔的"冒进"能被控制住。

（九二爻）"成家娶妻"，心里当然也就顾不上宾朋了。

（九三爻）"行走越趄"，是说"冒进"的行为没有被控制住。

（九四爻）"鱼都没了"的"凶险"，是可能导致远离民众（无以治家，何以治民）。

九五爻，希望儿子有玉一样的品德"，因为他已得到了中正。"是上天降落的礼物"，是说志向的实现不能离开天命（之助）。

（上九爻）"合于角落"，是说夫妻二人空间彻底失去后的尴尬。

注释 ❶天下有风：《姤》卦下巽上乾，巽代表风，乾代表天。❷后：君王。❸施：实施。❹诰（gào）：告，动词，犹言传告、晓谕。❺牵：牵制。❻义：愿望。义不及，犹言有心无力。

上六 ▬▬ ▬▬
九五 ▬▬▬▬▬
九四 ▬▬▬▬▬
六三 ▬▬ ▬▬
六二 ▬▬ ▬▬
初六 ▬▬ ▬▬

四十五 萃卦
（下坤上兑）

情性　情柔性柔　情悦性顺

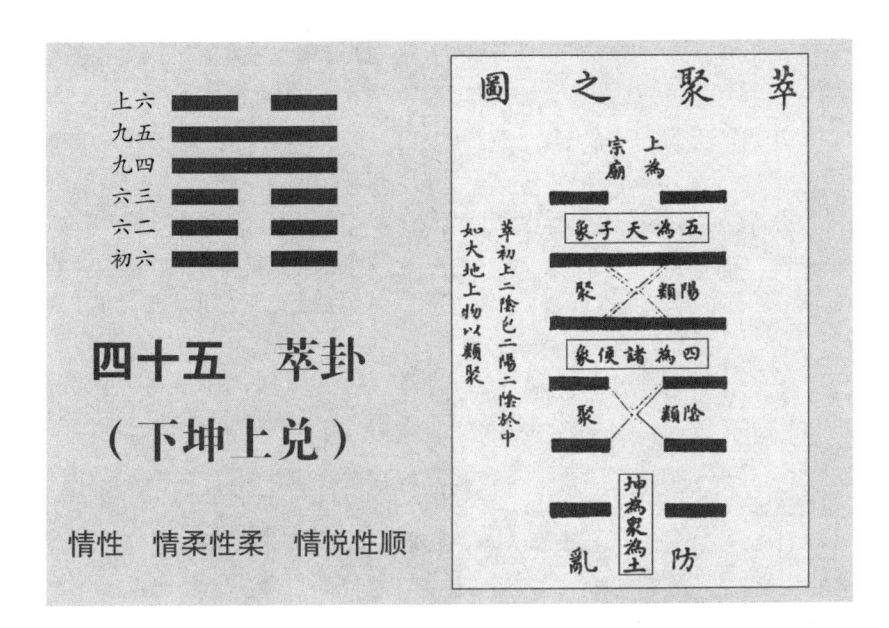

原文

《萃》[1]：亨。王假有[2]庙，利见大人[3]，亨，利贞。用大牲，吉，利有攸往。

初六：有孚[4]不终，乃乱乃[5]萃；若号[6]，一握为笑[7]；勿恤，往无咎。

六二：引吉，无咎。孚乃利用禴[8]。

六三：萃如嗟如，无攸利；往

译文

《萃》卦象征聚集：亨通。君王祈求宗庙先人的福佑，还寻求"大人"的帮助，所以亨通，利于守正。用大牲祭祀，吉祥，利于有所前往。

初六爻，怀有诚信，但如不能保持，乱子（矛盾）就会越来越多。（把问题摊开）哪怕大吵一通，（矛盾化解）结果握手言欢。不用担心，前往没有灾祸。

六二爻，引向吉祥，没有灾祸。只要心怀诚信，使用微薄的供品也能完成祭祀。

六三爻，聚集一起光是叹息，

下经　萃卦　155

无咎，小吝。

九四：大吉，无咎。

九五：萃有位，无咎，匪孚；元永贞，悔亡。

上六：赍咨涕洟，无咎。

无所利益（于事无补）。前往没有灾祸，可能小有遗憾。

九四爻，大为吉祥，没有灾祸。

九五爻，会聚之时高居尊位，没有灾祸，但还没有让众人信服；从根本上永远持正不偏，才不会有什么悔恨。

上六爻，不停叹息，痛哭流涕，但没有灾祸。

注释 ❶《萃》(cuì)：卦名。本卦为异卦相叠，下坤（☷）上兑（☱），坤代表地，兑代表泽。地上水多草多，所以卦名曰《萃》。❷有：于。❸大人：仁德之人。参见《乾》卦"利见大人"条。❹孚：诚信。❺乃：语助词。❻号：呼号，意为争吵。❼一握为笑：握一下手，笑一笑。❽禴：春祭（一说夏祭），即薄祭（祭品和仪式从简）。

原文

《彖》曰：《萃》，聚也。

顺以说❶，刚中而应❷，故聚也。

"王假有庙"，致孝享❸也。

"利见大人，亨"，聚以正也。

"用大牲，吉，利有攸往"，顺天命也。

观其所聚，而天地万物之情可见矣。

译文

《彖辞》说：《萃》卦象征聚集。

温顺而又和悦，阳刚居中而又能得到响应，所以能够聚集（大众）。

"君王祈求宗庙先人"，是在表示孝心。

"寻求'大人'的帮助，亨通"，是说寻求相聚于正道。

"用大牲祭祀，吉祥，利于有所前往"，是说这顺应了天命。

仔细观察各种事物的聚集，就可以与天地万物之情相通了。

注释 ❶ 顺以说:《萃》卦下坤上兑,坤代表顺,兑代表悦。说,通"悦"。❷ 刚中而应:"九五"和"六二"都得中正。❸ 致孝享:希望通过奉献孝心感动天和祖先。

原文

《象》曰:泽上于地❶,《萃》。君子以除❷戎器❸,戒不虞❹。

"乃乱乃萃",其志❺乱也。

"引吉,无咎",中❻未变也。

"往无咎",上巽❼也。

"大吉,无咎",位不当也。

"萃有位",志未光也。

"赍咨涕洟",未安上也。

译文

《象辞》说:水泽聚集于地面之上,这就是《萃》卦之象。君子由此领悟到,应经常擦拭兵器,以防意外。

(初六爻)"乱子(矛盾)就会越来越多",是因为他的目标乱了。

(六二爻)"引向吉祥,没有灾祸",是因为还能保持中道。

(六三爻)"前往没有灾祸",是说能得到上面的相助。

(九四爻)"大为吉祥,(才能)没有灾祸",是因为所处的位置不当。

(九五爻)"会聚之时高居尊位",但志向还远远没有实现。

(上六爻)"不停叹息,痛哭流涕",是说不能接受"上"(退)的现实。

注释 ❶ 泽上于地:《萃》卦是下坤上兑,坤代表地,兑代表泽。❷ 除:擦拭,除锈,磨砺。❸ 戎器:兵器。❹ 戒不虞:戒,备。不虞,未能料到的意外事件。❺ 志:心志,想法,方向。❻ 中:"六二"位居下卦的中位。❼ 上巽:上,指"九四""九五"。巽,顺。

下经 萃卦

上六 ▬▬ ▬▬
六五 ▬▬ ▬▬
六四 ▬▬ ▬▬
九三 ▬▬▬▬▬
九二 ▬▬▬▬▬
初六 ▬▬ ▬▬

四十六 升卦
（下巽上坤）

情性　情柔性柔　情顺性入

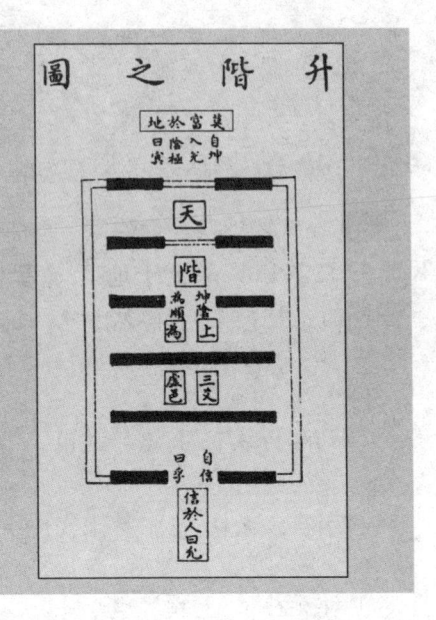

原文

《升》❶：元亨❷。用见大人❸，勿恤❹。南征❺，吉。

初六：允❻升，大吉。

九二：孚乃利用禴❼，无咎。

九三：升虚邑❽。

六四：王用亨❾于岐❿山，吉，无咎。

六五：贞吉，升阶。

译文

《升》卦象征上升：大为亨通。可寻求"大人"的帮助，不用担心。出征南方，吉祥。

初六爻，宜于上升，大为吉祥。

九二爻，只要心怀诚信，使用微薄的供品也能完成祭祀，没有灾祸。

九三爻，登上了山顶之亭。

六四爻，君王在岐山举行祭祀，吉祥，没有灾祸。

六五爻，坚守正道可获吉祥，犹如登台阶步步高升。

上六：冥升，利于不息之贞。

上六爻，不知不觉上升，得益于一刻不停地守持正固。

注释 ❶《升》：卦名。本卦是异卦相叠，下巽（☴）上坤（☷），巽代表木，坤代表地。树苗终将破土，逐渐长大，所以卦名曰《升》。《周易正义》："升者，登上之义。"《周易程氏传》："升者，进而上也。" ❷元亨：大为亨通。❸用见大人：帛本为"利见大人"。❹恤：忧。❺征：征讨。南征，李镜池说指周穆王伐楚之事。❻允：允当，适宜。❼孚乃利用禴：见《萃》卦"六二"。❽虚邑：空城。也指四面无墙的房子、亭子，象征人与天地万物的相通无碍。虚，高亨解为大丘。❾亨：通"享"，飨，祭祀。❿岐山：西山，今陕西省岐山县东北。文王的祖父古公亶父率领族人从豳迁至岐山，定居周原，其族始被称为周人。所以，周朝经常在这里举行祭祀活动。

原文

《彖》曰：柔以时升❶，巽而顺❷，刚中而应❸，是以大亨。

"用见大人，勿恤"，有庆也。"南征，吉"，志行也。

译文

《彖辞》说：弱小随着时间的延长而长大，谦逊而温顺，阳刚居中而又能得到响应，是以"大为亨通"。

"可寻求'大人'的帮助，不用担心"，是说后面有值得庆贺的事。"出征南方，吉祥"，因为这是去实现早就立下的志愿。

注释 ❶柔以时升：《升》卦六爻，最下面的"初六"是阴爻，表示柔，而上卦的"六四""六五""上六"也都是阴爻，有不断上升之象，故曰"柔以时升"。❷巽而顺：《升》卦是巽下坤上，巽表示谦逊，坤表示柔顺，故曰"巽而顺"。即是一种既谦逊而又顺从之意。❸刚中而应："九二"阳爻，居下卦中位，可与上卦中位的"六五"阴爻相应。

原文

《象》曰：地中生木❶，《升》。君子以顺❷德，积小以高大❸。

"允升，大吉"，上合志❹也。

"九二"之"孚"，有喜也。

"升虚邑"，无所疑也。

"王用亨于岐山"，顺事也。

"贞吉，升阶"，大得志也。

"冥升"在上，消不富也。

译文

《象辞》说：地中长出树木，这就是《升》卦之象。君子由此领悟到，应顺德而行，积累小善以成就崇高伟大之事业。

（初六爻）"宜于上升，大为吉祥"，因为上升正符合自己的志愿。

"九二爻"所说的"诚信"，一定会带来喜庆。

（九三爻）"登上了山顶之亭"，是说他一点也不怀疑（这是一个福地）。

（六四爻）"君王在岐山举行祭祀"，是说这样就可以顺利达成所求之事。

（六五爻）"坚守正道可获吉祥，犹如登台阶步步高升"，是说可以大展宏图。

（上六爻）"不知不觉上升"到了最高处，是说上升趋势将被削弱，不再富盛。

注释 ❶地中生木：《升》卦下巽上坤，巽代表木，坤代表地。❷顺：遵循。❸积小以高大：从小事做起，积小善成大业。老子说："合抱之木，生于毫末；九层之台，起于累土；千里之行，始于足下。"（《老子》第六十四章）❹上合志：上升是每种生物的使命。

上六
九五
九四
六三
九二
初六

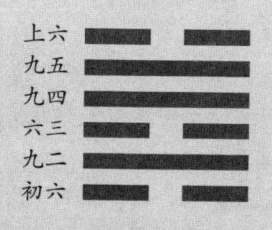

四十七　困卦
（下坎上兑）

情性　情柔性刚　情悦性险

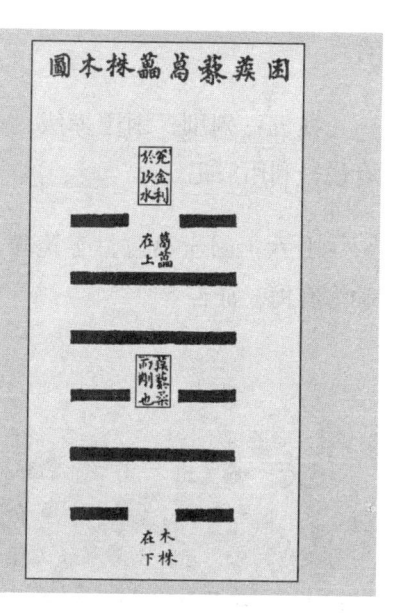

原文

《困》❶：亨贞。大人吉，无咎。有言不信❷。

初六：臀困于株木❸，入于幽谷❹，三岁不觌❺。

九二：困于酒食，朱绂方来，利用享祀；征凶，无咎。

六三：困于石，据于蒺藜；入于其宫，不见其妻，凶。

九四：来徐徐，困于金车，吝，

译文

《困》卦象征困顿：亨通在于守正。"大人"吉祥，没有灾祸。（困顿之时）说得再多，也无人相信。

初六爻，只有一个树桩可以坐一坐，干脆退隐于深山幽谷，多年不出山见人。

九二爻，正困于酒食缺乏，得到了任职，要其主持祭祀；出任此职有风险，没有过错。

六三爻，被石头挡住，被蒺藜拦住；回到家中，又没见妻子，凶险。

九四爻，前来缓慢，为"金

有终。

九五：劓刖，困于赤绂；乃徐有说，利用祭祀。

上六：困于葛藟，于臲卼，曰动悔有悔。征吉。

车"的速度所限制，干着急，但还是到了。

九五爻，心中不安，有同僚在使绊子；后来慢慢和好了，一起主持祭祀。

上六爻，被葛藤缠住，拿不定主意，似乎不管如何行动都不能感到满意。（冲破障碍）前行会有吉祥。

注释 ❶《困》：卦名。本卦为异卦相叠，下坎（☵）上兑（☱），坎为阳、为水，兑为阴、为泽。大泽漏水，水草鱼虾，处于穷困之境。阳处阴下，刚为柔掩，喻君子才智难展，处于困顿之地，所以卦名曰《困》。❷ 有言不信：这个意思是指"困穷"之时，有所言论，别人也难以相信，此时少说多做为佳。❸ 臀困于株木：株，树干。株木，无枝叶之木也，是树被砍掉后留下的树桩。形容入不了庙堂，上不了正席，找不到适合自己的位置，才华难伸。❹ 幽谷：昏暗的深谷。❺ 三岁不觌：觌（dí），见也。三岁不觌，犹言多年不见。

原文

《彖》曰：《困》，刚掩❶也。

险以说❷，困而不失其所❸亨，其唯君子乎！

"贞。大人吉"，以刚中也。

"有言不信"，尚口乃穷也。

译文

《彖辞》说：《困》卦象征阳刚被掩盖。

虽然处在危险之中，仍不失快乐；虽然处在困顿之中，仍不放弃自己的目标，所以才会亨通，这是君子才能做到的啊！

"守正。'大人'吉祥"，因为他们具备了刚毅中正的品德。

"说得再多，也无人相信"，崇尚口舌反而更致穷厄。

注释 ❶刚掩：阳刚被阴柔掩盖。《困》卦下坎上兑，坎是阳卦，兑是阴卦，阴覆上，阳伏于下，故曰"刚掩"。❷险以说：说，通"悦"。《困》卦下坎上兑，坎代表险，兑代表悦。❸所：所指向。

原文

《象》曰：泽无水❶，《困》。君子以致命遂志❷。

"入于幽谷"，幽不明❸也。

"困于酒食"，中有庆也。

"据于蒺藜"，乘刚❹也；"入于其宫，不见其妻"，不祥也。

"来徐徐"，志在下❺也；虽不当位❻，有与也。

"劓刖"，志未得也；"乃徐有说"，以中直也；"利用祭祀"，受福也。

"困于葛藟"，未当也。"动悔有悔"，吉行也。

译文

《象辞》说：大泽之中已没有水，这就是《困》卦之象。君子当此之时，不惜牺牲生命，来实现自己的理想。

（初六爻）"退隐于深山幽谷"，是在幽怨无人了解自己。

（九二爻）"困于酒食缺乏"，但只要坚守中道，必有喜庆之事。

（六三爻）"被蒺藜拦住"，是说阳刚被压住；"回到家中，又没见妻子"，这是不祥之兆。

（九四爻）"前来缓慢"，是因为下只能跟从上（不能有跑快一些的想法）；虽然没有得到（更高的）位置，但也有别的所得。

（九五爻）"心中不安"，是因为尚未得志；"后来慢慢和好了"，是因为始终一贯保持中正；"一起主持祭祀"，可以受到福佑。

（上六爻）"被葛藤缠住"，是因为处理不当。"似乎不管如何行动都不能感到满意"，但只有行动才会有吉祥。

注释 ❶泽无水：《困》卦下坎为水，上兑为泽。泽中的水，漏到下面，泽中缺水，所以穷困。❷致命遂志：致命，献出自己的生命。《论语·子张第十九》有"士见危致命",就是这个意思。来知德《来氏易注》:"患难之来,论是非不论利害,论轻重不认死生。杀身成仁,舍生取义,幸而此身存,则名固在;不幸而此身亡,是名亦不朽。岂不身'困'而志'亨'乎?"遂志,实现志向。❸幽不明:幽,幽怨。明,明白。❹乘刚:"六三"阴爻在"九二"阳爻之上。❺志在下:资历不够,只能甘居于下。❻不当位:"九四"阳爻而居阴位。

上六
九五
六四
九三
九二
初六

四十八 井卦
（下巽上坎）

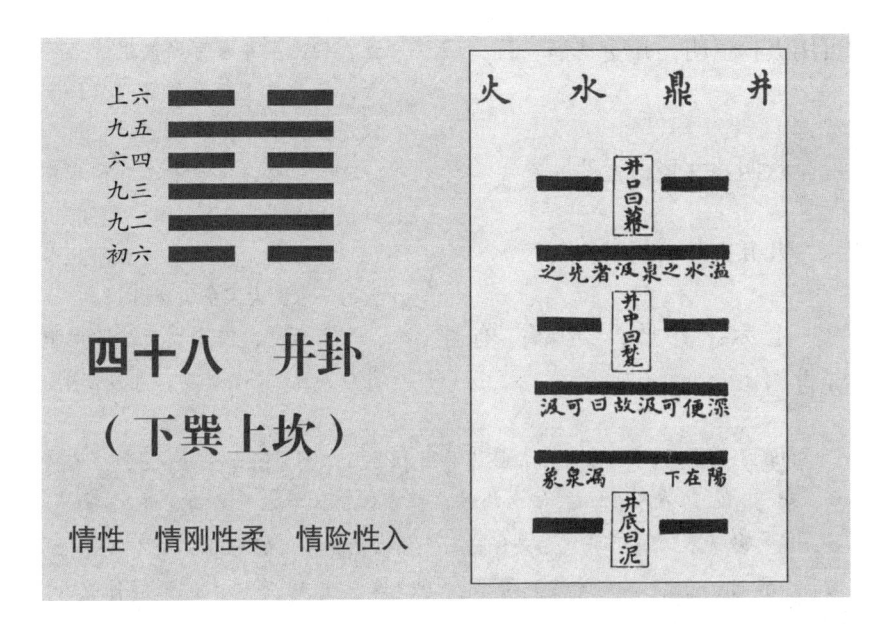

情性　情刚性柔　情险性入

原文

《井》❶：改邑❷不改井，无丧无得❸，往来井井。汔至❹，亦未繘❺井，羸❻其瓶，凶。

初六：井泥不食；旧井无禽。

九二：井谷射鲋，瓮敝漏。

九三：井渫不食，为我心恻；

译文

《井》卦象征水井。邑镇可以迁移，但仍会围绕水井而居，井水总是不增不减，人们可以来来往往到井边汲水。如果水干见底，还不赶快下去掏挖，（其他不知情的人）陶罐（一放进去就）摔破了，这是凶兆。

初六爻，井水混浊如泥浆，不能食用；荒弃的旧井，连鸟雀都不来。

九二爻，人们到井中的泉眼去钓泥鳅，（长期没水）汲水的瓦罐（人们任其）破损。

九三爻，井水太脏不能饮用，

下经　井卦

可用汲，王明，并受其福。

六四：井甃，无咎。

九五：井洌寒泉，食。

上六：井收，勿幕；有孚，元吉。

让人伤心。井水可以饮用的那一天，就是君王贤明的那一天，大家就都有福享了。

六四爻，井壁用砖石重新修好，没有过错。

九五爻，井水清澈甘甜如冬天的泉水，大家争相食用。

上六爻，汲水之后，不用把井口盖上。怀有诚信，大为吉祥。

注释 ❶《井》：卦名。本卦为异卦相叠，下巽（☴）上坎（☵），巽为木，坎为水，木在水中，象征水桶进入井中汲水，所以卦名曰《井》。❷邑：乡、镇。❸无丧无得：井水总是保持一个固定的水位。❹汔至：汔（qì），《说文》："水涸也。"至，到底了。❺繘：通"矞"（jú），穿透，这里解作挖井。❻羸（léi）：通"儡"，破败、毁坏。《说文》："儡，相毁也。"

原文

《象》曰：巽乎水而上水 ❶，《井》，井养而不穷也 ❷。

"改邑不改井"，乃以刚中也。"汔至，亦未繘井"，未有功 ❸ 也。"羸其瓶"，是以"凶"也。

译文

《象辞》说：顺着水性掘地开穴然后汲上来，这就是《井》卦之象，它不仅养人，而且汲之不尽。

"邑镇可以迁移，但仍会围绕水井而居"，是因为（水井像君子一样）具有阳刚中正的品德。"水干见底，还不掏挖"，井也就不能发挥功用了。"陶罐摔破了"，（活不下去了）当然"凶险"。

注释 ❶巽乎水而上水：巽，顺也，指下卦巽。水，指上卦坎。"上"，用如动词。"上水"犹言"使水上"，将井水汲上。❷井养而不穷：养，施养于人，即养活众人。穷，尽也。《周易正义》："叹美井德愈汲愈生，给养给人无有穷已也。"❸ 未有功：《周易正义》："水未及用，则井功未成，其犹人德未被物，亦是功德未就也。"

原文

《象》曰：木上有水❶，《井》。君子以劳民劝相。

"井泥不食"，下也；"旧井无禽"，时舍也。

"井谷射鲋"，无与也。

"井渫不食"，行"恻"也；求"王明"，"受福"也。

"井甃，无咎"，修井也。

"寒泉"之"食"，中正❷也。

"元吉"在上❸，大成也。

译文

《象辞》说：用水桶将井水汲出，这就是《井》卦之象。君子由此领悟到，应尽力为百姓效劳，勉励人们相互帮助。

（初六爻）"井水混浊如泥浆，不能食用"，是因为水位太低了。"荒弃的旧井，连鸟雀都不来"，是说真的到了彻底放弃的时候了。

（九二爻）"人们到井中的泉眼去钓泥鳅"，其实什么也得不到。

（九三爻）"井水太脏不能饮用"，连路人也会感叹不已；期盼"君王贤明"，大家都有福享。

（六四爻）"井壁用砖石重新修好"，是说早就该如此。

（九五爻）"如冬天的泉水"被"争相食用"，是因为重归中正。

（上六爻）"大为吉祥"的终局，有赖于井德大成。

注释 ❶ 木上有水：《井》卦下巽上坎，巽代表木，坎代表水。❷ 中正："九五"居上卦之中位，又是以阳爻居阳位，所以说"中正"。❸ 在上："上六"在全卦六爻中居于最上位，故曰"在上"。一般卦象到了终局都要变，但井德不同，它是汲之不尽的，所以到了"上六"还能"元吉"。

下经 井卦

```
上六 ▬▬ ▬▬
九五 ▬▬▬▬▬
九四 ▬▬▬▬▬
九三 ▬▬▬▬▬
六二 ▬▬ ▬▬
初九 ▬▬▬▬▬
```

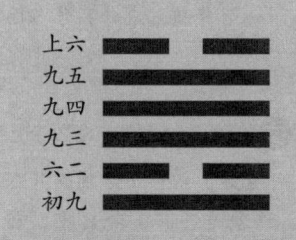

四十九　革卦
（下离上兑）

情性　情柔性柔　情悦性明

原文

《革》❶：已日❷乃孚❸，元亨，利贞，悔亡。

初九：巩用黄牛之革。

六二：已日乃革之，征吉，无咎。

九三：征凶，贞厉。革言三就，有孚。

九四：悔亡，有孚改命，吉。

九五：大人虎变，未占有孚。

译文

《革》卦象征变革：当变之日诚信从之，大为亨通，利于守正，没有懊悔。

初九爻，用黄牛的皮革牢牢加固（战马马鞍等）。

六二爻，当变之日顺势采取革命行动，前行吉祥，没有灾祸。

九三爻，前行遇到了凶险，原因在于只想急进。革命会有多次反复，多次从头再来，要有坚定的信念。

九四爻，懊悔消失，革命的信念被普遍接受，吉祥。

九五爻，"大人"推行变革如

上六：君子豹变，小人革面。征凶，居贞，吉。

猛虎下山般果断，无须通过占卜来加强自己的信念。

上六爻，君子推行变革如猎豹过岗般矫健，"小人"则只会停在原地做做表面文章。前行历尽了凶险，换来了安居乐业的正常局面，吉祥。

注释 ❶《革》：卦名。本卦为异卦相叠，下离（☲）上兑（☱），离代表火，兑代表泽。火煮水、煲汤、制酒等，都有一个从量变到质变的过程，故卦名曰《革》，也即变革、革新，这也是整部《易经》的主题。❷ 巳日：天干的巳日（朱震《汉上易传》），在天干十数的中间，当变。巳，有人读为已经的已（王弼以"即日不孚"训"巳日乃孚"），也有人说通祭祀之"祀"，还有人解为自己之己。从卦象上看，应是下卦在一定的时间改变了上卦，所以本书以"当变之日"统而言之。❸ 孚：诚信。

原文

《彖》曰：《革》，水火相息。

二女同居❶，其志不相得，曰"革"。

"巳日乃孚"，革而信之❷。文明以说，大亨以正，革而当，其悔乃亡。

天地革而四时成，汤、武革命，顺乎天而应乎人。

译文

《彖辞》说：《革》卦之象，水火不容，不是水熄灭火，就是火烧干水。

如两个女人同居一室，相互排斥，不是你征服我，就是我征服你，所以称之为"革命"。

"当变之日诚信从之"，是说经过变革赢得信赖。灿烂光明在于性情和悦，大为亨通在于品德中正，所以能够革命正确，没有懊悔。

天、地变革四季形成，成汤和武王革命，既顺乎天理又合乎民心。

下经 革卦

《革》之时大矣哉！　　　　　　掌握好《革》卦的时态是多么重要啊！

注释 ❶ 二女同居：下离为中女，上兑为少女。《周易正义》："中、少二女而成一卦，此虽形同而志革也。一男一女，乃相感应。二女虽复同居，其志终不相得，志不相得变必生矣。" ❷ 革而信之：说明推行变革者能适合当变之机，并取信于众，则人民一定信赖和拥护。

原文

《象》曰：泽中有火，《革》。君子以治历明时❶。

"巩用黄牛"，不可以有为也。

"巳日革之"，行有嘉也。

"革言三就"，又何之矣！

"改命"之"吉"，信志也。

"大人虎变"，其文炳❷也。

"君子豹变"，其文蔚也；"小人革面"，顺以从君也。

译文

《象辞》说：水下燃火，这就是《革》卦之象。君子由此领悟到，应编订历法，明确时令。

（初九爻）"用黄牛的皮革牢牢加固"，是说此时还不能马上采取行动。

（六二爻）"当变之日顺势采取革命行动"，是说行动会有上佳的效果。

（九三爻）"革命会有多次反复，多次从头再来"，是说唯有此路，着急没用！

（九四爻）"革命"所谓的"吉祥"，是说这个信念已被大家接受（相信）。

（九五爻）"'大人'推行变革如猛虎下山般果断"，是形容其美德因而文采炳焕。

（上六爻）"君子推行变革如猎豹过岗般矫健"，是形容其美德因而文采蔚然；"'小人'只会停在原地做做表面文章"，是说谁为君王他们就顺从谁。

注释 ❶ 治历明时：这是说君子观《革》卦之象，悟知事物定会变革之理，因此要撰修历法，以明四时之变，以指导生产和生活。❷ 文炳：文，文采、斑纹。炳，光辉。

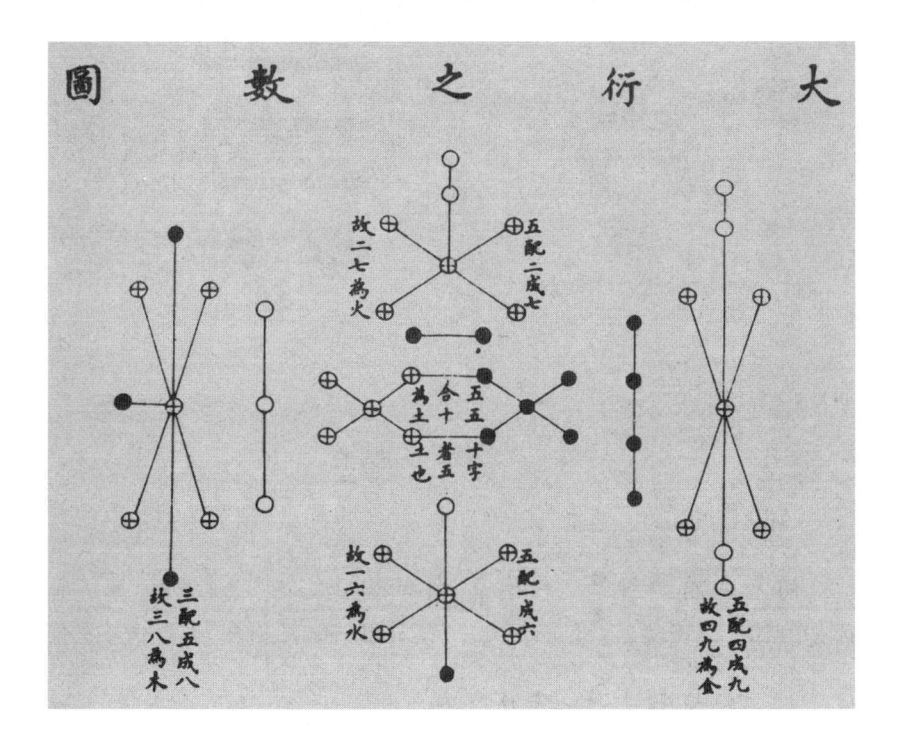

大衍之数图

下经 革卦

上九
六五
九四
九三
九二
初六

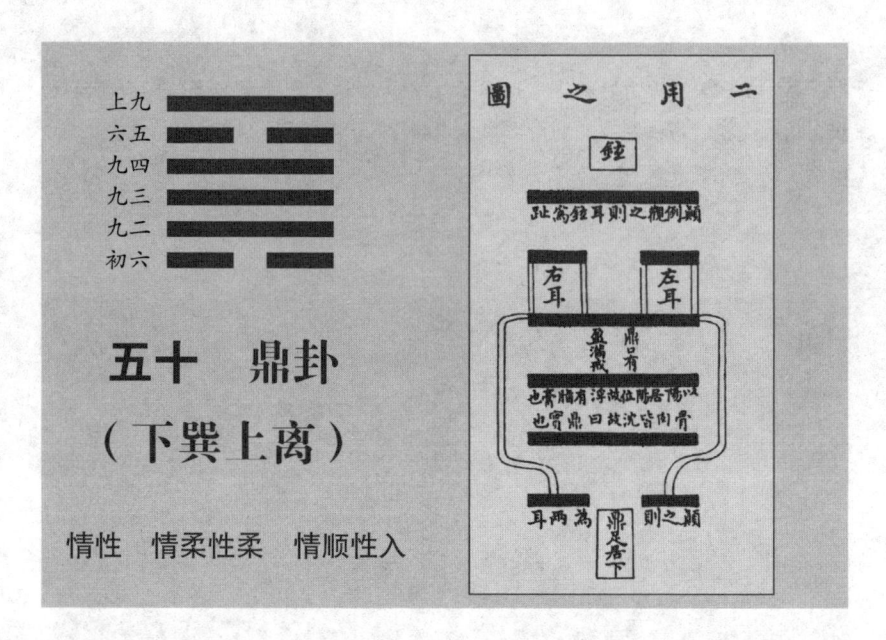

五十 鼎卦
（下巽上离）

情性　情柔性柔　情顺性入

原文

《鼎》❶：元吉❷，亨❸。

初六：鼎颠趾❹，利出否❺；得妾以其子，无咎。

九二：鼎有实❻，我仇❼有疾❽，不我能即，吉。

九三：鼎耳革，其行塞，雉膏不食；方雨，亏悔，终吉。

九四：鼎折足，覆公餗，其形渥，凶。

译文

《鼎》卦象征鼎器：大为吉祥，亨通。

初六爻，鼎足颠翻，利于倒出废物；为了得子而纳妾，没有过错。

九二爻，鼎中装有食物，我的怨偶（说她）病了，不能同我一道吃饭，吉祥（不会有争吵发生）。

九三爻，鼎耳脱落，无法搬动，没有雉羹可食；正在下雨，（可吃的）东西越来越少，后悔不已，最终吉祥。

九四爻，鼎足折断，打翻了公公的八珍粥，粥流得到处都是，凶险。

六五：鼎黄耳金铉，利贞。

上九：鼎玉铉，大吉，无不利。

六五爻，鼎耳黄色，鼎杠铜制，利于守正。

上九爻，鼎杠饰玉，大为吉祥，无所不利。

注释 ❶《鼎》：卦名。本卦为异卦相叠，下巽（☴）上离（☲），巽代表木，离代表火。木头燃烧，火焰熊熊，象以使用鼎器炊煮，故卦名曰《鼎》。❷元吉：大吉。❸亨：亨通。❹趾：足，这里指鼎足。❺否：不善之物，废物。❻实：充实的东西，这里指食物。❼仇（qiú）：配偶。嘉偶为妃，怨偶为仇。指大老婆。❽疾：病痛。这里是闹意见称病。

原文

《彖》曰：《鼎》，象也；以木巽火❶，亨饪也。圣人亨以享上帝，而大亨以养圣贤。

巽而耳目聪明❷，柔进而上行❸，得中而应乎刚❹，是以"元亨"。

译文

《彖辞》说：《鼎》卦的卦象，就是一个大鼎的形状；用木柴燃起火焰，烹饪食物。圣人烹饪食物祭祀天帝，又烹饪更多的食物以养贤才。

谦逊而且聪明，柔顺向前不断上升，得到中位而且与阳刚相应，所以能"大为吉祥"。

注释 ❶以木巽火：《鼎》卦下巽上离，巽代表木，离代表火。"巽"有入的意思，就是以木入火，木在火中。❷巽而耳目聪明：《鼎》卦下巽上离，巽表逊，离表明。❸柔进而上行：《鼎》卦初爻为阴为柔，升至第五爻，得至尊之位。❹得中而应乎刚："六五"得上卦中位，下有"九二"同位相应。

原文

《象》曰：木上有火❶，《鼎》。君子以正位凝命❷。

译文

《象辞》说：木柴燃起火焰，这就是《鼎》卦之象。君子由此领悟到，应端正位置，承纳使命。

下经　鼎卦

"鼎颠趾",未悖❸也;"利出否",以从贵❹也。

"鼎有实",慎所之❺也;"我仇有疾",终无尤也。

"鼎耳革",失其义❻也。

"覆公餗",信如何❼也?

"鼎黄耳",中以为实❽也。

"玉铉"在上,刚柔节也。

(初六爻)"鼎足颠翻",这并没违反常理。"利于倒出废物",是说这种行动遵从的是母以子贵的道理。

(九二爻)"鼎中装有食物",是说要谨慎移放。"我的怨偶(说她)病了",但最终会好起来。

(九三爻)"鼎耳脱落",是说履行不了义务。

(九四爻)"打翻了公公的八珍粥",还怎么能相信她?

(六五爻)"鼎耳黄色",是表明必须以中道为本。

(上九爻)"鼎杠饰玉"的终局,追求的是刚柔有节。

注释 ❶木上有火:这是《鼎》卦下巽为木,上离为火之象。《周易正义》:"木有火,即是'以木巽火',有烹饪之象,所以为鼎也。" ❷正位凝命:正,端正,用如动词。凝,凝聚,接受,承纳。命,使命。意谓以不负天命所归。❸悖(bèi):谬误、违反。❹从贵:从,遵从。贵,母以子贵。当不能生孩子时,就只能靠边。这是《象辞》的发挥,以引向"礼教"。❺慎所之:鼎既有实,移动时就必须小心,放的时候也要轻。❻失其义:《周易集解》引虞翻曰:"鼎以耳行,耳革行塞,故失其义也。"❼信如何:如何信任。❽中以为实:中,中道。实,实体,本质。

五十一　震卦
（下震上震）

情性　情刚性刚　情动性动

原文

《震》❶：亨❷。震来虩虩❸，笑言哑哑❹；震惊百里，不丧匕鬯❺。

初九：震来虩虩，后笑言哑哑，吉。

六二：震来厉，亿丧贝，跻于九陵；勿逐，七日得。

六三：震苏苏，震行，无眚。

九四：震遂泥。

译文

《震》卦象征震动：亨通。雷声隆隆心慌慌，雷雨过后笑哑哑；雷声震惊百里，祭祀照常进行，主祭者手中拿着的一小勺香酒都没有掉下来。

初九爻，雷声隆隆心慌慌，雷雨过后笑哑哑，吉祥。

六二爻，雷雨来势猛烈，有大的财产损失，躲到高山上；不要顺水追物，七天以后（等水落下来）可以重新得到。

六三爻，雷声震动心不安，但该做的事还得做，没有灾祸。

九四爻，雷电击到了泥土上。

六五：震往来，厉，亿无丧，有事。

上六：震索索，视矍矍，征凶。震不于其躬，于其邻，无咎，婚媾有言。

六五爻，雷电上下震动，还是相当厉害，但不会再有大的财产损失，有事可照常进行。

上六爻，雷声震动心惊恐，眼睛四顾茫然，出行凶险。雷声不在自己身边震响，而在邻居那里震响，自己虽无灾祸，但以后想结亲别人就有话说了（当时为什么不安慰和帮别人）。

注释 ❶震：卦名。本卦为同卦相叠，下震（☳）上震（☳），震为雷，两雷相叠，惊雷阵阵，象征"震天动地"。《周易集解》引郑玄曰："震为雷。雷，动物之气也；雷之发声，犹人君出政教以动中国之人也。故谓之'震'。" ❷亨：通。❸虩虩（xì）：壁虎，引申为恐惧，恐惧的样子。❹哑哑：象声词，笑声不大的态度与神情。❺丧匕鬯（chàng）：丧，失落。匕，勺子、羹匙。鬯，黍米酒，浸泡郁金香草，洒在地上，以香气请神降临。祭祀时多用此酒。《震》卦象征担任祭祀的长子，所以用"匕鬯"比喻。

原文

《象》曰：《震》，亨。

"震来虩虩"，恐致福❶也。

"笑言哑哑"，后有则❷也。

"震惊百里"，惊远而惧迩也。

出可以守宗庙社稷，以为祭主也。

译文

《象辞》说：《震》卦之象，亨通。

"雷声隆隆心慌慌"，是说恐惧（敬畏上天）可以带来福气。

"雷雨过后笑哈哈"，是说经过这场雷震，以后就知道该怎样就怎样了。

"雷声震惊百里"，是说远处最多只是惊讶，近处才感到恐惧（觉没觉得雷是针对自己的）。

（如果定力足够，就能）出来担负起守护宗庙社稷的重任，并成为祭祀大典的主祭人。

注释 ❶恐致福：听见打雷恐惧，就小心谨慎，不敢胡来，会招致幸福。《周易正义》："咸震之来，初虽恐惧，能因惧自修，所以致福也。" ❷后有则：则，法则。知道雷声并没有什么不良影响，该干什么就干什么。

原文

《象》曰：洊❶雷，《震》。君子以恐惧修省。

"震来虩虩"，恐致福也；"笑言哑哑"，后有则也。

"震来厉"，乘刚❷也。

"震苏苏"，位不当❸也。

"震遂泥"，未光❹也。

"震往来，厉"，危行也；其事在中，大"无丧"也。

"震索索"，中未得也；虽"凶""无咎"，畏邻戒也。

译文

《象辞》说：雷声接连轰响，这就是《震》卦之象。君子因而常常心存惶恐畏惧，不断修身省过。

（初九爻）"雷声隆隆心慌慌"，是说恐惧（敬畏上天）可以带来福气；"雷雨过后笑豁豁"，是说经过这场雷震，以后就知道该怎样就怎样了。

（六二爻）"雷雨来势猛烈"，是说其凌驾于阳刚之上。

（六三爻）"雷声震动心不安"，是说其所处的位置不当。

（九四爻）"雷电击到了泥土上"，是说雷震未能发挥其最大的作用。

（六五爻）"雷电上下震动，还是相当厉害"，是说会危及行人。但只要处事保持中道，就不会再有大的财产损失。

（上六爻）"雷声震动心惊恐"，是因为没有处中。虽然（雷雨中）因害怕"凶险"（不出来）而"没有灾祸"，但以后可能就是担忧邻居对自己产生戒心了。

下经　震卦

注释 ❶洊（jiàn）：再次。《震》卦是由两个同卦组成，即上震下震，二雷重叠，重复打雷，故曰"洊雷"。❷乘刚："六二"是柔，是阴爻，位在"初九"阳爻之上，故曰"乘刚"。❸位不当："六三"阴爻居阳位，又不居中。❹未光：光，光大。

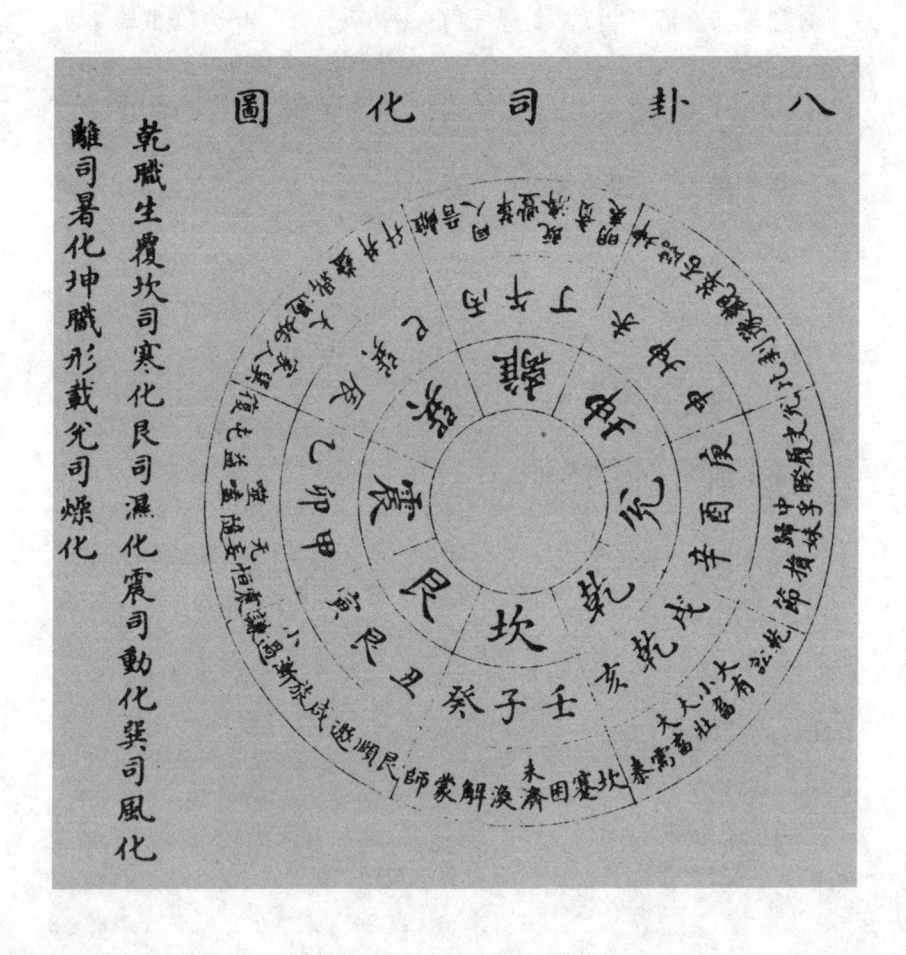

八卦司化图

乾职生覆坎司寒化艮司湿化震司动化巽司风化离司暑化坤职形载兑司燥化

上九 ▬▬▬
六五 ▬ ▬
六四 ▬ ▬
九三 ▬▬▬
六二 ▬ ▬
初六 ▬ ▬

五十二　艮卦
（下艮上艮）

情性　情刚性刚　情止性止

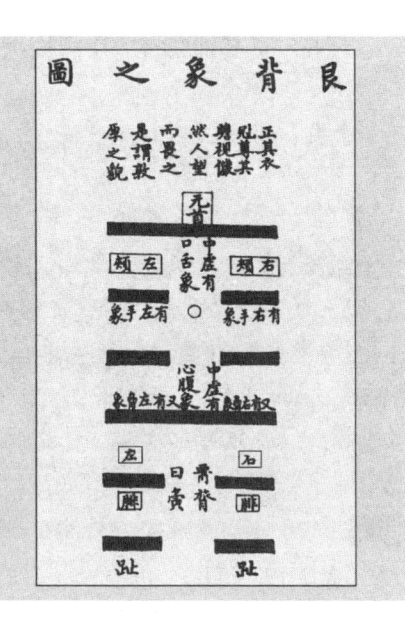

原文

《艮》❶：艮其❷背，不获❸其身；行其庭❹，不见其人。无咎❺。

初六：艮其趾，无咎。利永贞❻。

六二：艮其腓❼，不拯❽其随❾，其心不快。

九三：艮其限，列❿其夤，厉薰心。

六四：艮其身，无咎。

译文

《艮》卦象征仰止：跟在其背后，没有追上他；找到他的家里，也不见踪影。（继续找）没有灾祸。

初六爻，追随其脚步，没有过错。利于长久地坚守正道。

六二爻，跟着其迈步，却不能兼顾"队列"，让他很不高兴。

九三爻，跟着其弯腰，拉伤了背肌，原因是求快过猛，"心贪"。

六四爻，追随在其身边，没有过错。

六五：艮其辅，言有序，悔亡。

上九：敦艮，吉。

六五爻，学着他说话，言语有条理，没有懊悔。

上九爻，诚心诚意地跟随，吉祥。

注释 ❶《艮》：卦名。本卦是同卦相叠，下艮（☶）上艮（☶），艮代表山，象征"仰止"，所以卦名曰《艮》。❷ 艮其：高山仰止，愿意跟随他。❸ 获：追上。❹ 庭：庭院。❺ 咎：过失、灾祸。❻ 永贞：永，长久。贞，正。❼ 腓：小腿肚子。指"操练"时迈出的步伐。❽ 拯：照顾。❾ 随：随从，"队列"中与己平行的人或后面的人。❿ 列：通"裂"。

原文

《象》曰：《艮》，止也。

时❶止则止，时行则行；动静不失其时，其道光明。

艮其止，止其所❷也。

上下敌应❸，不相与也。

是以"不获其身；行其庭，不见其人。无咎"也。

译文

《象辞》说：《艮》卦是仰止的象征。

根据不同的时态，当止则止，当行则行；动与静都恰到好处，前面的道路自然光明。

《艮》所表示的止，就是要跟对人。

如果上、下抵触，就不能互相帮助了。

所以卦辞说："没有追上他；找到他的家里，也不见踪影。（继续找）没有灾祸。"

注释 ❶ 时：最合适的时间。❷ 所：归宿处。❸ 上下敌应：《艮》卦下卦与上卦同位的三个爻都不相应，即"初六"与"六四"都是阴爻，"六二"与"六五"也都是阴爻，"九三"与"上九"都是阳爻，每组对应都是相斥不相吸。

原文

《象》曰：兼山[1]，《艮》。君子以思不出其位[2]。

"艮其趾"，未失正也。

"不拯其随"，未退听[3]也。

"艮其限"，危，"熏心"也。

"艮其身"，上诸[4]躬[5]也。

"艮其辅"，以中正也[6]。

"敦艮"之"吉"，以厚终也。

译文

《象辞》说：山上有山，这就是《艮》卦之象。君子以此为鉴，谋不逾位(不在其位，不谋其政)。

(初六爻)"追随其脚步"，是说行动未离开正道。

(六二爻)"不能兼顾'队列'"，是没有听从"退一步"的号令。

(九三爻)"跟着其弯腰"，遇到危险，就是因为"心贪"。

(六四爻)"追随在其身边"，这样就能多得到"上"的亲自指导了。

(六五爻)"学着他说话"，要点还在于中和正。

(上九爻)"诚心诚意地跟随"所带来的"吉祥"，还在于能始终保持厚道。

注释 [1] 兼山：兼，犹言"重"，意思是指两山重叠。[2] 思不出其位：位，本位，本职所守之位。[3] 未退听：光想着前进了，没听见后退的命令。[4] 诸：之于。[5] 躬：身体，此指亲自之意。[6] 以中正也："六五"只得中，还未得正。

```
上九
九五
六四
九三
六二
初六
```

五十三 渐卦
（下艮上巽）

情性　情柔性刚　情入性止

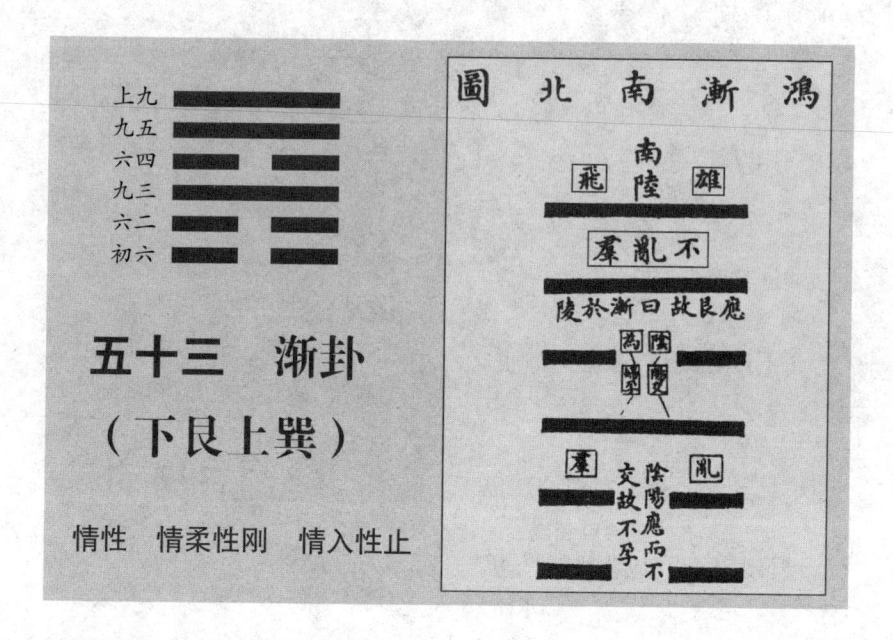

原文

《渐》❶：女归❷，吉，利贞❸。

初六：鸿渐❹于干❺。小子厉，有言❻，无咎。

六二：鸿渐于磐。饮食衎衎❼，吉。

九三：鸿渐于陆。夫征不复，妇孕不育，凶。利御寇。

六四：鸿渐于木。或得其桷，

译文

《渐》卦象征渐进：女子出嫁（按礼节一步步来），吉祥，利于守正。

初六爻，飞鸿慢慢落在水边。小孩子顽皮，被训斥，没有灾祸。

六二爻，飞鸿慢慢落在磐石上。（与信使）一起饮酒作乐，吉祥。

九三爻，飞鸿慢慢落在高地。丈夫（信上说）出征尚不能返回，（闻此信）怀孕的妻子流产了，凶险。但有利于抵御敌寇。

六四爻，飞鸿慢慢落在树上。只是得到了一块或许可以做屋椽无咎。

九五：鸿渐于陵。妇三岁不孕，终莫之胜，吉。

上九：鸿渐于陆，其羽可用为仪，吉。

的木头，没有灾祸。

九五爻，飞鸿慢慢落到山岗。妇人出嫁多年不能怀孕，现在阻碍她与丈夫会面的"关山"已经不存在了，吉祥。

上九爻，飞鸿慢慢落到高地，它落下的羽毛可作仪饰，吉祥。

注释 ❶《渐》：卦名。本卦为异卦相叠，下艮（☶）上巽（☴），艮代表山，巽代表木。《周易浅述》："上顺下止而不急进。以象言之，则山上有木，其高以渐，故曰《渐》。"渐，《说文》："水，东入海。"渐进。❷归：古代女子出嫁为归，必须经过纳采、问名、纳吉、纳证、请期、亲迎六个"法定"步骤，一步步来。❸贞：占卜。❹鸿渐：鸿，大雁，信使。渐，进。古人用飞鸿传书。❺干：通"岸"，河岸、水边。喻信到了女子这里。❻言：谴责、呵止、训斥。❼衎（kàn）衎：喜悦。

原文

《象》曰：《渐》之进也，"女归，吉"也。

进得位❶，往有功也。进以正，可以正邦也。其位，刚得中也❷。止而巽，动不穷也。

译文

《象辞》说：《渐》卦所表示的进，是循序渐进，就好比"女子出嫁，吉祥"。

循序渐进而得其位，如此向前能够获得成功。持守正道循序渐进，可以定国安邦。渐进取得高位，是说阳刚得到了中正。稳重而又谦逊，动力源源而生。

注释 ❶进得位：《渐》卦的初爻为阴爻，居阳位，升进而至于第二爻、第四爻，皆居阴位，是位象相得，喻女子出嫁夫家，得主妇之位。❷刚得中也："九五"居上卦之中，阳爻得阳位。

下经 渐卦

原文

《象》曰：山上有木❶，《渐》。君子以居贤德善俗❷。

"小子"之"厉"，义"无咎"也。

"饮食衎衎"，不素饱也。

"夫征不复"，离群丑也；"妇孕不育"，失其道也；"利用御寇"，顺相保❸也。

"或得其桷"，顺以巽❹也。

"终莫之胜，吉"，得所愿也。

"其羽可用为仪，吉"，不可乱也。

译文

《象辞》说：山上逐渐长出了树木，这就是《渐》卦之象。君子由此领悟到，应逐渐培养贤德，改善风俗。

（初六爻）"小孩子"的"顽皮"，是其本性使然，所以"没有灾祸"。

（六二爻）"一起饮酒作乐"，是说（信使）不是白吃饭的。

（九三爻）"丈夫出征尚不能返回"，是说脱离队伍将是一件可耻的事；"怀孕的妻子流产了"，是说没有办法尽妇道；"利于抵御敌寇"，是说军民互相支持保护。

（六四爻）"得到了一块或许可以做屋椽的木头"，是说他在想念温顺谦和的妻子。

（九五爻）"阻碍她与丈夫会面的'关山'已经不存在了，吉祥"，是说她终于盼回了自己的丈夫。

（上九爻）"飞鸿落下的羽毛可作仪饰，吉祥"，是说该有的规矩不能乱。

注释 ❶山上有木：《渐》卦是下艮上巽，艮代表山，巽代表木。❷居贤德善俗：居，蓄积也，指修养。善，作动词，美化、改善。❸顺相保："妻子"忍受凄苦，照顾好家里，是对"丈夫"的支持。"丈夫"打仗立功，是对"妻子"的保护。❹顺以巽："六四"阴爻柔顺，又是上卦巽的一部分。

上六 ▬ ▬
六五 ▬ ▬
九四 ▬▬▬
六三 ▬ ▬
九二 ▬▬▬
初九 ▬▬▬

五十四　归妹卦
（下兑上震）

情性　情刚性柔　情动性悦

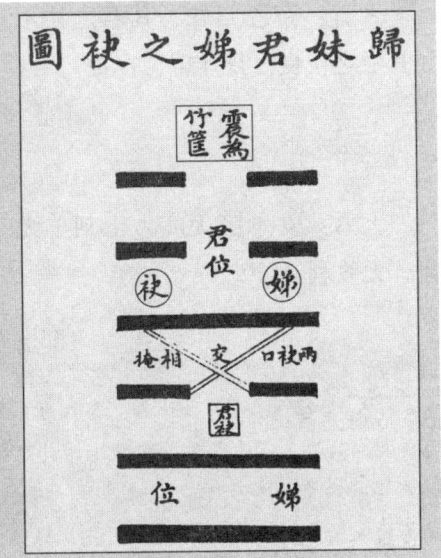

原文

《归妹》❶：征凶，无攸利。

初九：归妹以娣❷，"跛能履❸，征吉"。

九二："眇❹能视，利幽人之贞❺。"

六三：归妹以须，反归，以娣。

九四：归妹愆期，迟归有时。

译文

《归妹》卦象征女子所嫁非人：前行会有凶险，无所利。

初九爻，娶妻看中了小妹，"（男方）虽然跛了一条腿但不影响走路，前往吉祥"。

九二爻，"（男方）虽然瞎了一只眼睛，但还能看见，利于独处之人守持正固"。

六三爻，嫁女送出的是大姐，结果被送回来，还是要小妹。

九四爻，婚娶的日子只好后延，（男方）规定了一个最迟的期限。

下经　归妹卦

六五：帝乙归妹，其君之袂不如其娣之袂良。月几望，吉。

六五爻，帝乙之所以要嫁女，是认为君王间的结盟，不如小妹嫁过去以后形成的婚姻裙带关系牢固。婚期就定在月亮将圆的日子，这日子吉祥。

上六：女承筐无实，士刲羊无血，无攸利。

上六爻，女子端着筐没什么收获，男子剪羊毛没有流血，无所利。

注释 ❶《归妹》：卦名。本卦为异卦相叠，下兑（☱）上震（☳），兑为少女、为悦，震为长男、为动，两卦有婚媾之象，故卦名曰《归妹》。❷归妹以娣：娣（dì），女弟，即妹妹。从顺序上讲，应是姐姐先出嫁，但现在有势力的人看中的是妹妹，就只好先嫁妹妹了。❸跛能履：跛，跛子。履，行路。"跛"是小妹的不满意之词，实际是嫌男方年纪大了等；"能履"和随后的"征吉"是他人对小妹的安慰之词，实际是说嫁过去有其他好处。❹眇：瞎了一只眼睛。❺利幽人之贞：幽人，指小妹，贞，正。这句话还是小妹担心嫁过去以后被冷落，别人安慰她的话。

原文

《彖》曰：《归妹》，天地之大义也，天地不交而万物不兴。归妹，人之终始❶也。说以动❷，所归妹也。

"征凶"，位不当❸也。"无攸利"，柔乘刚❹也。

译文

《彖辞》说：《归妹》之象，体现了天地的大义，天地之气如果不能交合，万物都不能生长兴旺。嫁出女孩，既是人的归宿，也是人的开始。喜悦然后行动，目的就是婚嫁。

所谓"前行会有凶险"，是因为所处的位置不当。"无所利"，是因为柔凌驾于刚。

注释 ❶人之终始：女子出嫁是找到了归宿，但也是孕育新生命的开始。❷说以动：《归妹》卦下兑上震，兑代表悦，震代表动。❸位不当："九二"阳爻居阴位，"六三"阴爻居阳位，"九四""六五"同，四爻都不正。❹柔乘刚：阴爻在阳爻之上。

原文

《象》曰：泽上有雷❶，《归妹》。君子以永终知敝。

"归妹以娣"，以恒也；"跛能履，吉"，相承也。

"利幽人之贞"，未变常❷也。

"归妹以须"，未当也。

"愆期"之志，有待而行也。

"帝乙归妹"，"不如其娣之袂良"也，其位在中❸，以贵行也。

"上六，无实"，"承"虚"筐"❹也。

译文

《象辞》说：水泽之上雷声震动，这就是《归妹》之象。君子由此思考，如何白头到老，防止凋敝。

（初九爻）"娶妻看中了小妹"，（漂亮的姑娘先得嫁）一直就是这个道理。"（男方）虽然跛了一条腿但不影响走路，吉祥"，是说有遗产可以继承。

（九二爻）"利于独处之人守持正固"，是说可以保持常态。

（六三爻）"嫁女送出的是大姐"，这当然是不合适的。

（九四爻）"日子只好后延"的想法，是有所期盼的做法。

（六五爻）"帝乙之所以要嫁女"，就是觉得"（君王间的结盟）不如小妹嫁过去以后形成的婚姻裙带关系牢固"，是他处在中位，以他的尊贵而采取的行动。

"上六爻，没什么收获"，是说女子"承接"的"筐"徒有其表。

注释 ❶泽上有雷：《归妹》是下兑上震，兑代表泽，震代表雷。❷常：《来氏易注》："一与之齐，终身不改，此妇道之常也，今能守幽人之贞，则未变其常矣。"❸其位在中："六五"居上卦之中位。❹虚"筐"：喻年老的男子已丧失了生育能力。

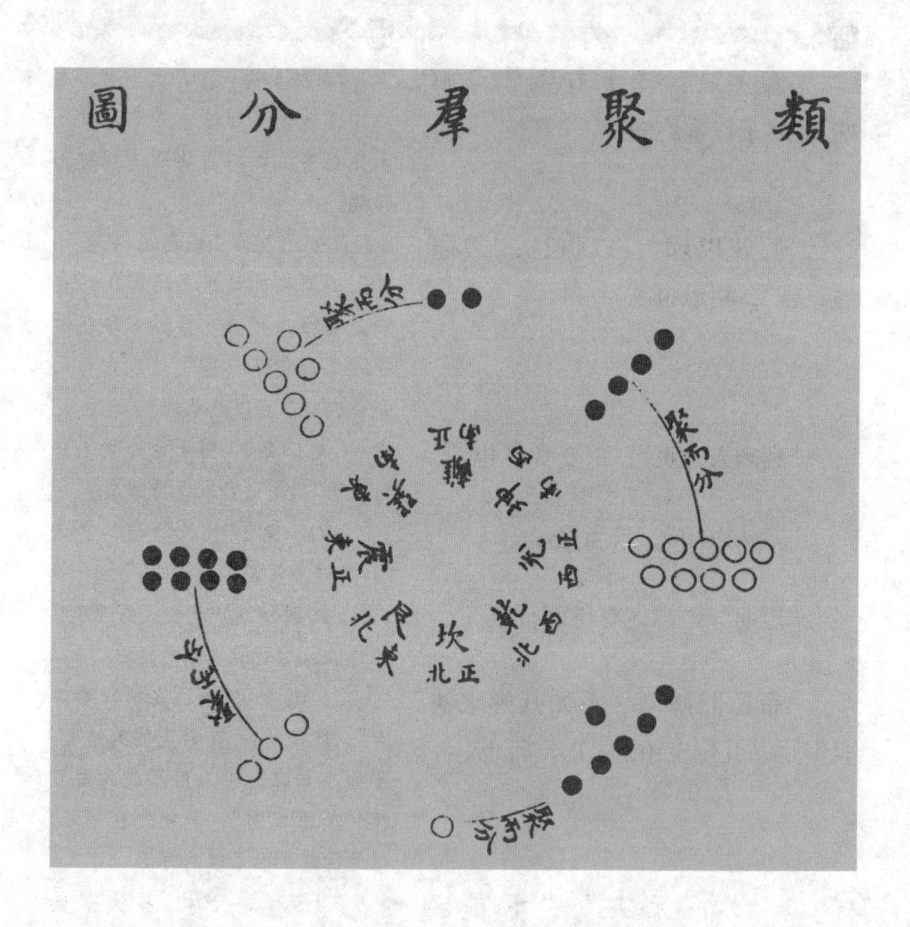

类聚群分图

```
上六
六五
九四
九三
六二
初九
```

五十五　丰卦
（下离上震）

情性　情刚性柔　情动性明

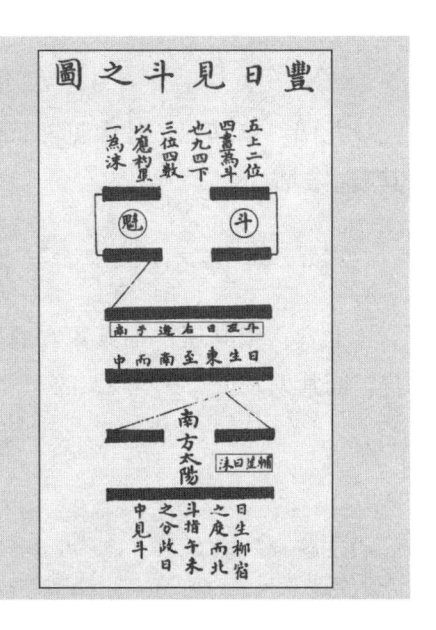

原文

《丰》❶：亨，王假之；勿忧，宜日中。

初九：遇其配主❷，虽旬❸无咎，往有尚❹。

六二：丰其蔀❺，日中见斗；往得疑疾。有孚发若，吉。

九三：丰其沛，日中见沬；折其右肱，无咎。

译文

《丰》卦象征丰盛：亨通，君王可以借用；不用忧虑，有利于日上中天。

初九爻，遇到了当年被发配时收下自己的主人，虽然现在地位与他相当了，但没有（再被追究的）灾祸，前去还有赞赏。

六二爻，用草和草席铺盖房顶，中午见到北斗星。前往会受人猜疑，出自内心的诚信，才会获吉。

九三爻，不管如何蒙住富有，总还会露出闪光，就像正午的太阳遮不去小的星光；如果付出一

下经　丰卦　189

九四：丰其蔀，日中见斗；遇其夷主，吉。

六五：来章，有庆誉，吉。

上六：丰其屋，蔀其家。窥其户，阒其无人。三岁不觌，凶。

些，哪怕是感觉损失了右臂，没有灾祸。

九四爻，用草和草席铺盖房顶，日午见到北斗星。黑暗中遇到了主人，吉利。

六五爻，丰盛到来，得到彰显，值得庆贺和赞誉，吉祥。

上六爻，盖了很大的房子，又用院墙围起来。偷偷地看上几眼，院子里总是寂静无人。多年都不和邻居打照面，凶险。

注释 ❶《丰》：卦名。本卦为异卦相叠。下离（☲）上震（☳），下明上动。《周易浅述》："以明而动，动而能明，皆有丰大之意，故为《丰》。" ❷ 配主：配，发配。配主，"发配"有罪之人给他当奴仆。训"配"为"妃"或"配对"，与"主"之义都难以合上。❸ 旬：《释文》："均也。"指现在与"配主"的地位相当了。作为过去有罪的奴隶，随时都可能有再被追究的无妄之灾，所以主人公心理上的阴影始终没有去掉。李镜池另说："借为姰，《说文》：'姰，男女并也。'指男女同居。"又郑玄等根据象辞推理，训为"十日"，在十天内无害，过十天则有灾，是一种禁忌。皆不确。❹ 尚：崇尚、重视。❺ 蔀（bù）：通"菩"，草席。

原文

《象》曰：《丰》，大也。明以动❶，故丰。

"王假之"，尚❷大❸也。

"勿忧，宜日中"，宜照天下也。

译文

《象辞》说：《丰》卦是丰盛富有的象征。阳光明媚，万物生长不息，所以丰盛。

"君王可以借用"，是说提倡致富。

"不用忧虑，有利于日上中天"，是说有利于多给天下带来阳光。

日中则昃❹，月盈则食，天地盈虚，与时消息，而况于人乎？况于鬼神乎？

但是，中午过后，太阳会落；月满之后，必将亏蚀；天地的盈亏，都是随着时间的变化而变化。何况人呢？何况鬼神呢？

注释 ❶明以动：《丰》卦下卦离为日、为明，上卦震为雷、为动。❷尚：尊尚、重视。❸大：丰盛。❹昃（zè）：太阳偏西。

原文

《象》曰：雷电皆至❶，《丰》。君子以折狱❷致刑❸。

"虽旬无咎"，过❹旬灾也。

"有孚发若"，信以发志也。

"丰其沛"，不可大事也；"折其右肱"，终不可用也。

"丰其蔀"，位不当也；"日中见斗"，幽不明也；"遇其夷主"，"吉"行也。

"六五"之"吉"，"有庆"也。

"丰其屋"，天际翔也；"窥其户，阒其无人"，自藏也。

译文

《象辞》说：雷电交加，这就是《丰》卦之象。君子借以审案量刑。

（初九爻）"虽然现在地位与他相当了，但没有灾祸"，但如果超过了就可能有灾了。

（六二爻）"（应当）出自内心的诚信"，因为诚信可以伸发志向。

（九三爻）"蒙住富有"，干不了什么大事；"损失了右臂"，就觉得没什么可用了。

（九四爻）"用草和草席铺盖房顶"，是说这样处位不对；"日午见到北斗星"，是说幽暗的东西暂时看不见；"黑暗中遇到了主人"，是说这是"吉祥"之旅。

"六五爻"所说的"吉祥"，就是"值得庆贺"。

（上六爻）"盖了很大的房子"，是说房子高入云端；"偷偷地看上几眼，院子里总是寂静无人"，是说这家人把自己藏起来不愿见人。

注释 ❶雷电皆至：《丰》卦上为震为雷，下为离为电（火球）。❷折狱：断理狱事，即判决刑事诉讼。❸致刑：执行刑罚。❹过：超过。

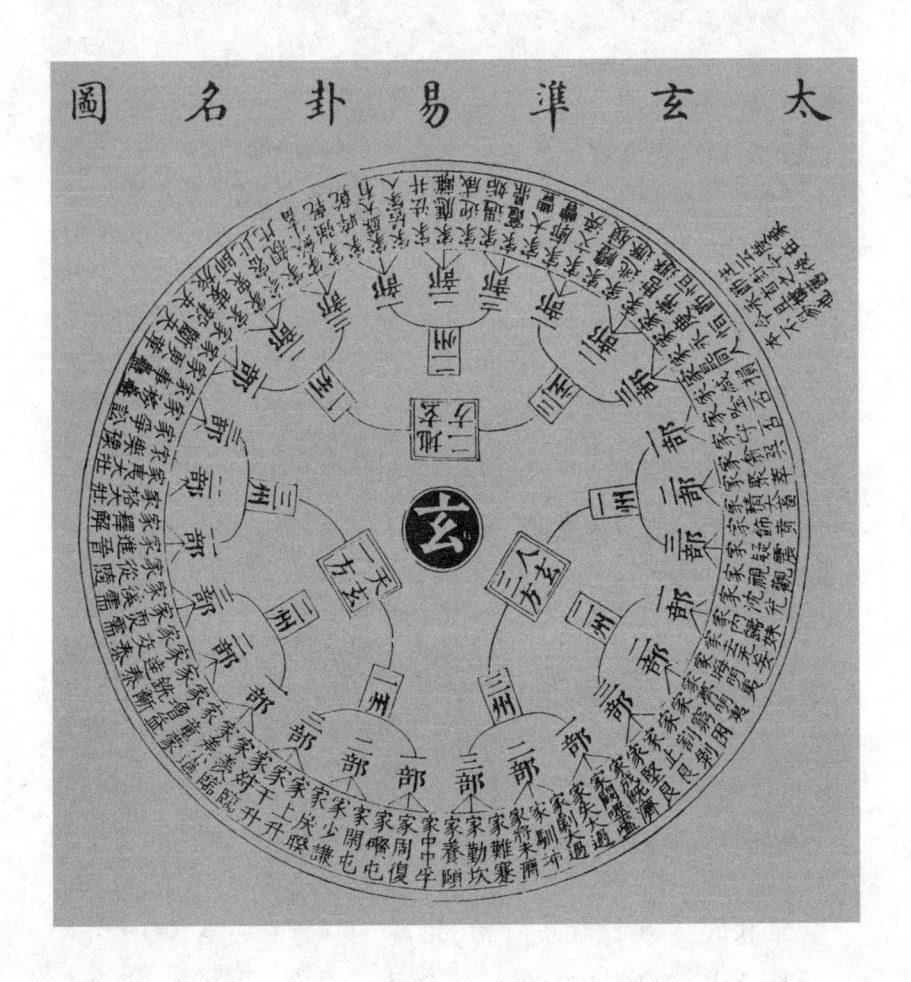

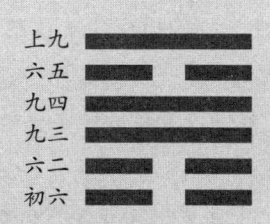

五十六 旅卦
（下艮上离）

情性　情柔性刚　情明性止

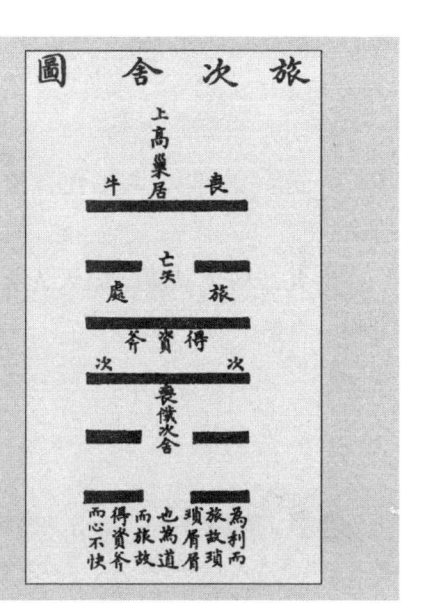

原文

《旅》❶：小亨；旅贞吉。

初六：旅琐琐❷，斯❸其所取灾。

六二：旅即❹次❺，怀其资，得童仆，贞。

九三：旅焚其次，丧其童仆。贞厉。

九四：旅于处，得其资斧❻，

译文

《旅》卦象征旅行：小心谨慎，可致亨通；旅行之时，坚守正道，吉祥。

初六爻，旅行之时猥猥琐琐，这是在自取灾祸。

六二爻，旅行时有地方住，荷包暖和，还找到一个童仆侍候，这很合胃口。

九三爻，旅行时不小心弄得自己住的地方着火了，童仆也不见了。这是合胃口得过头了（丧失了警惕的结果）。

九四爻，客居在外有了一个

下经　旅卦　193

我心不快。

六五：射雉，一矢亡，终以誉命。

上九：鸟焚其巢，旅人先笑后号啕，丧牛于易，凶。

固定的居所，还有一些收入，但是旅人的心中仍不快乐（充满了乡愁）。

六五爻，箭射野鸡，一箭命中，终于博得善射的美誉。

上九爻，（看见）鸟巢着火，旅人先是笑了，可是马上就有让他们号啕大哭的事等在后面，（回到家中听说）他的牛在田畔不见了，凶险。

注释 ❶《旅》：卦名。本卦为异卦相叠，下艮（☶）上离（☲），艮代表山，离代表火。山中燃火，是在野露宿之象，故卦名曰《旅》。❷琐琐：细小、琐碎。《诗经·小雅·节南山》："琐琐姻亚。"❸斯：此，这。❹即：就，住下。❺次：外出时停留的住所，旅舍、旅馆。❻资斧：钱财的统称。资，资金。斧，仿形的一种钱币。

原文

《象》曰：《旅》，小亨，柔得中乎外❶，而顺乎刚❷，止而丽乎明❸，是以"小亨，旅贞吉"也。

《旅》之时义大矣哉！

译文

《象辞》说：《旅》卦之象，小心可致亨通，在外面必须保持柔和的中道，顺应刚强，言谈举止不离光明磊落，所以说"小心谨慎，可致亨通；旅行之时，坚守正道，吉祥"。

《旅》卦时态的蕴含，真是丰富啊！

注释 ❶柔得中乎外：主爻"六五"，阴爻，为柔，居外卦中位。❷顺乎刚："六五"承"上九"。❸止而丽乎明：《旅》卦下卦艮，代表山，止；上卦离，代表日，明。丽，依附。

原文

《象》曰：山上有火❶，《旅》。君子以明慎用刑，而不留狱❷。

"旅琐琐"，志穷❸"灾"也。

"得童仆，贞"，终无尤❹也。

"旅焚其次"，亦以伤矣；以旅与下❺，其义"丧"也。

"旅于处"，未得位也，"得其资斧"，心未快也。

"终以誉命"，上逮也。

以旅在上，其义"焚"也；"丧牛于易"，终莫之闻也。

译文

《象辞》说：山上有篝火，这就是《旅》卦之象。君子由此领悟到，既要慎重明断刑案，又不能久拖不判。

（初六爻）"旅行之时猥猥琐琐"，是心中没有主见导致的"灾祸"。

（六二爻）"还找到一个童仆侍候，很合胃口"，是说其终日无忧无虑。

（九三爻）"旅行时不小心弄得自己住的地方着火了"，是说自己也受伤了；以一种临时用用的态度对待下人，所以下人会"不见了"。

（九四爻）"客居在外有了一个固定的居所"，但还未得到合适的地位，所以会"有一些收入"，心中仍不快乐。

（六五爻）"终于博得善射的美誉"，是说来自君王的赐予。

（上九爻）旅行之人，还表现得"高高在上"，就应该被"焚"；"牛在田畔不见了"，是说再也不会有音讯了。

注释 ❶山上有火：《旅》卦下艮上离，艮代表山，离代表火。❷留狱：办案拖拉，滞留案件。❸穷：尽。❹尤：忧。❺以旅与下：以对待旅客的态度对待下人，临时用用，随便打发。

上九 ▬▬ ▬▬
九五 ▬▬▬▬▬
六四 ▬▬ ▬▬
九三 ▬▬▬▬▬
九二 ▬▬▬▬▬
初六 ▬▬ ▬▬

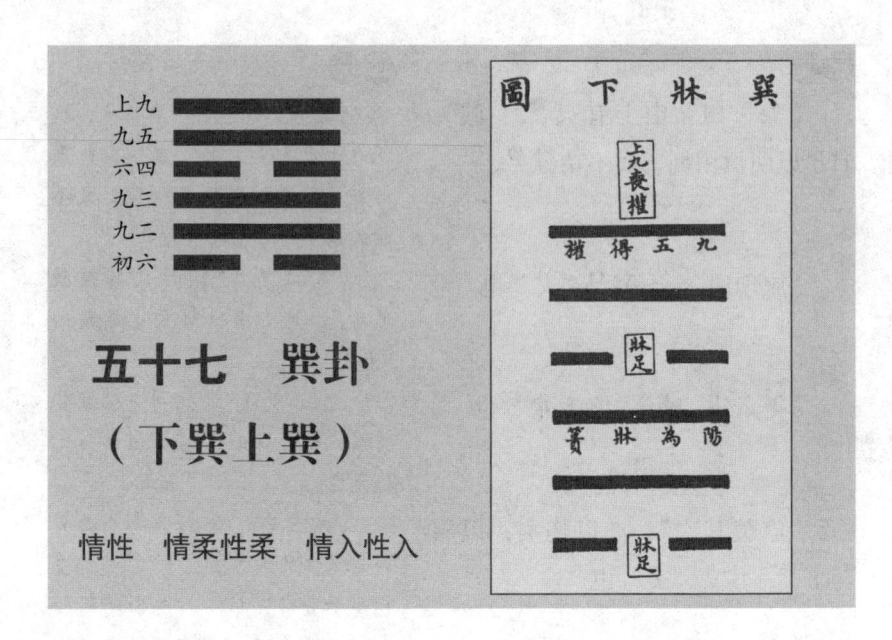

五十七 巽卦
（下巽上巽）

情性　情柔性柔　情入性入

原文

《巽》❶：小亨；利有攸往，利见大人。

初六：进退，利武人之贞❷。

九二：巽在床下❸，用史巫❹纷若❺，吉，无咎。

九三：频巽，吝。

六四：悔亡。田获三品。

九五：贞吉，悔亡，无不利；无

译文

《巽》卦象征随顺：小处着手，可致亨通。利有所往，寻求"大人"的帮助。

初六爻，（不解随顺）进退不定，只利于武人守持正道。

九二爻，吓得钻入床下，请来祝史和巫觋闹腾一番，吉祥（心里的疙瘩解除了），没有灾祸。

九三爻，愁眉苦脸勉强随顺，将会带来麻烦。

六四爻，懊悔消失。打猎收获多多。

九五爻，守正吉祥，懊悔消失，无所不利；开端虽然不好，初有终。先庚三日，后庚三日，吉。

上九：巽在床下，丧其资斧，贞凶。

结局还算圆满。（请神驱邪的活动应）安排在本旬的第四天和第十天，吉祥。

上九爻，（如果老是）吓得钻入床下，钱财就会丧失殆尽，一直如此，凶险。

注释 ❶《巽》：卦名。本卦是同卦相叠，下巽（☴）上巽（☴），巽代表风，两翼相重，有长风相随之象。据李镜池研究，巽字篆文像二人跪于地上，表示顺服之意。❷贞：正。"军人的天职是服从"，军人最懂随顺，所以说"利武人之贞"。❸巽在床下：巽，俯顺、俯卧，钻入。床，先秦时代古人席地而坐，床是一种用于倚凭的家具，不是后代用于睡觉的床。钻入床下，指病人怕鬼。❹史巫：史，祝史。史、巫都是古代从事迷信活动的人。祝史司祭，巫以降神，清除不祥。❺纷若：纷乱的样子。

原文

《象》曰：重巽❶以申命❷。

刚巽乎中正❸而志行，柔皆顺乎刚❹，是以"小亨。

利有攸往，利见大人"。

译文

《象辞》说：两个巽卦重叠是为了强调随顺的意愿。

阳刚随乎中正而见于行动，阴柔者都顺乎阳刚，所以说"小处着手，可致亨通。

利有所往，寻求'大人'的帮助"。

注释 ❶重巽：本卦为两巽相重，故曰"重巽"。❷申命：申，申述、强调、表明。命，意旨。❸刚巽乎中正："九二""九五"分别居于下卦与上卦的中位，"九五"还是阳爻阳位，得正。❹柔皆顺乎刚："初六""六四"阴爻分别居于"九二""九五"之下。

下经　巽卦

原文

《象》曰：随风❶，《巽》。君子以申命行事。

"进退"，志❷疑也；"利武人之贞❸"，志治❹也。

"纷若"之"吉"，得中❺也。

"频巽"之"吝"，志穷❻也。

"田获三品"，有功也。

"九五"之"吉"，位正中也❼。

"巽在床下"，上穷❽也；"丧其资斧"，正乎"凶"也。

译文

《象辞》说：随风而入，这就是《巽》卦之象。君子由此领悟到，应把广泛宣传政令作为施政的出发点。

（初六爻）"进退不定"，是说思想犹豫不决；"利于武人守持正道"，是说他们的思想已经训练得很坚定。

（九二爻）"闹腾一番"的所谓"吉祥"，是因为得了中道。

（九三爻）"愁眉苦脸勉强随顺"，将会带来的"麻烦"，是说他已经不知道应该怎么办了。

（六四爻）"打猎收获多多"，是说他立了大功。

"九五爻"所谓的"吉祥"，是因为处位正中。

（上九爻）"（老是）吓得钻入床下"，是说到了终局无路可走；"钱财丧失殆尽"，当然就只剩下"凶险"了。

注释 ❶随风：《巽》卦下巽上巽，巽代表风，有如风一阵接一阵吹来，送来"好雨"和凉爽。❷志：心志、心情。❸贞：正。❹治：训练，不乱。❺得中："九二"居下卦中位。❻穷：尽。❼位正中也："九五"居上卦中位，又是以阳爻居于阳位。❽上穷："上九"居于六爻的最高位置，也是最后的位置，是全卦的尽头，所以说是"上穷"，即地位虽在上边，却已无路可走。

上六
九五
九四
六三
九二
初九

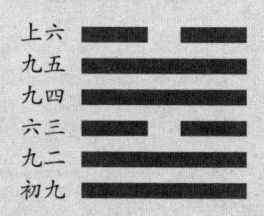

五十八 兑卦
（下兑上兑）

情性　情柔性柔　情悦性悦

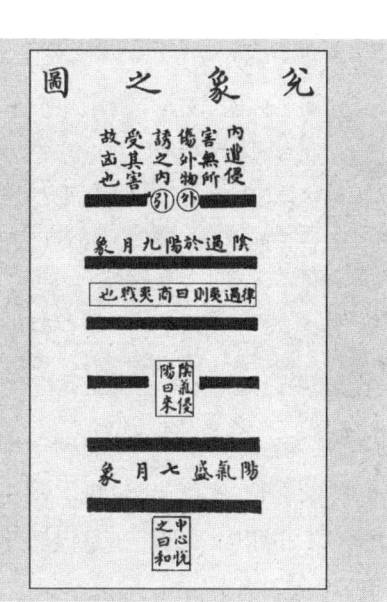

原文

《兑》❶：亨，利贞。

初九：和兑❷，吉。

九二，孚❸兑，吉，悔亡❹。

六三：来❺兑，凶。

九四：商❻兑未宁❼，介疾❽有喜。

九五：孚于剥❾，有厉❿。

上六：引⓫兑。

译文

《兑》卦象征和悦：亨通，利于坚守正道。

初九爻，和气喜悦，吉祥。

九二爻，诚信和悦，吉祥，悔恨消失。

六三爻，通过降服别人而得到和悦，凶险。

九四爻，商量和好还没有结果，但双方能够正视矛盾，这已经值得庆祝了。

九五爻，对拖你下水的小人讲诚信，这也太过分了。

上六爻，和悦需要引导。

注释 ❶《兑》：卦名。本卦是同卦相叠，下兑（☱）上兑（☱），兑代表泽，两兑相叠，有两泽相连、两水交流之象。比喻上下相和，朋友相善，这是一个令人欢欣的场面，所以卦名曰《兑》。"兑"是"说"的本字，是说话，或笑的模样，因而，这一卦有言语与喜悦的含义。❷和兑：和气喜悦。❸孚：诚信。❹亡：消除。❺来：招来，通过降服别人而得到。❻商：商计，商讨，即是说商谈互相和好。❼宁：安宁，定下来。❽介疾：介，介入，介绍，直介，引为正视。疾，疾病，问题所在。❾剥：剥蚀，剥落。投其所好，一步步诱使人犯错误。❿厉：严厉，猛烈。⓫引：引导。

原文

《彖》曰：《兑》，说也。刚中而柔外❶，说以"利贞"，是以顺乎天而应乎人。

说以先❷民，民忘其劳；说以犯难❸，民忘其死。说之大，民劝❹矣哉！

译文

《彖辞》说：《兑》卦就是喜悦的象征。阳刚居中，柔和待人，喜悦的情绪"利于坚守正道"，所以能够上顺天而下应人。

用喜悦的情绪引导民众，民众就会忘记辛劳；带着喜悦的心境去克服困难，民众甚至可以笑对死亡。喜悦的心情非常重要，它可以激励人们奋勇向前！

注释 ❶刚中而柔外："九二""九五"分居下卦、上卦之中位，是为"刚中"。"六三""上六"分居下卦、上卦之外位，故曰"柔外"。❷先：前，引导。❸犯难：进攻困难，克服困难。❹劝：勉励。

原文

《象》曰：丽泽❶，《兑》。君子以朋友讲习。

"和兑"之"吉"，行未疑也。

译文

《象辞》说：两泽交流，这就是《兑》卦之象征。君子借以在朋友之间讲习学问，交流知识。

（初九爻）"和气喜悦"所带来的"吉祥"，是说行为被人接受。

"孚兑"之"吉",信志❷也。

"来兑"之"凶",位不当❸也。

"九四"之"喜",有庆也。

"孚于剥",位正当❹也。

"上六,引兑",未光也。

（九二爻）"诚信和悦"所带来的"吉祥",是因他志存信实。

（六三爻）"通过降服别人而得到和悦"会埋下"凶险",是说他没有摆正自己的位置。

"九四爻"所指的"高兴",就是值得庆祝的意思。

（九五爻）"对拖你下水的小人讲诚信",是说仗着有高的地位。

"上六爻,和悦需要引导",是说还需要光大。

注释 ❶丽泽:两泽相连。❷信志:犹言志信。❸位不当:"六三"阴爻居阳位。❹位正当:"九五"阳爻居阳位,又居上卦之中,象征位高权重。

上九
九五
六四
六三
九二
初六

五十九 涣卦
（下坎上巽）

情性　情柔性刚　情入性险

原文

《涣》❶：亨。王假有庙❷，利涉大川，利贞。

初六：用拯❸马壮，吉。

九二：涣❹奔其机❺，悔亡。

六三：涣其躬❻，无悔。

六四：涣其群❼，元吉❽；涣有丘❾，匪夷所思。

译文

《涣》卦象征水流冲刷：亨通。君王祈求宗庙先人的福佑，利于越过大江大河，利于守持正道。

初六爻，得到强壮良马的拯济（而越过急流），吉祥。

九二爻，水流冲刷台阶，悔恨消失。

六三爻，水流冲刷身体，没有懊悔。

六四爻，水流冲刷众人，大为吉祥；但如果不停冲刷山丘，就有些不可思议了（为什么水土不停流失？）。

九五：涣汗其大号；涣王居，无咎。

上九：涣其血，去逖出，无咎。

九五爻，水流冲走了一身的臭汗，（水流下）他大喊大叫（舒服）；水流冲刷王宫，没有灾祸。

上九爻，水流冲走了血污，冲得远远的再也不出现，没有灾祸。

注释 ❶《涣》：卦名。本卦为异卦相叠，下坎（☵）上巽（☴），坎代表水，巽代表风。风行水上，推波助澜，水势涣涣，故卦名曰《涣》。❷ 王假有庙：君王到宗庙祭祀。❸ 拯：拯救，帮助。❹ 涣：水流。❺ 机：汉帛书《周易》作"阶"，台阶。❻ 躬：自身、身体。❼ 群：人群，众人。❽ 元吉：大吉利。❾ 丘：山丘。

原文

《彖》曰：《涣》，"亨"。刚来而不穷❶，柔得位乎外而上同❷。

"王假有庙"，王乃在中也❸。"利涉大川"，乘木有功❹也。

译文

《彖辞》说：《涣》卦之象，能够达到"亨通"。阳刚源源不断冲来，阴柔在外面居于中位并与上面同心同德。

"君王祈求宗庙先人的福佑"，是说君王也是不离中正。"利于越过大江大河"，是说靠乘船到达了彼岸。

注释 ❶ 刚来而不穷：刚指"九二""九五"。不穷，就是指没有穷尽。❷ 柔得位乎外而上同："六四"阴爻居阴位，在外卦，上有"九五""上九"两个阳爻。❸ 王乃在中也："九五"至尊，居上卦中位，又是阳爻得阳位。❹ 乘木有功：下卦坎，代表水；上卦巽，代表木。乘身顺利过河。

原文

《象》曰：风行水上❶，《涣》。先王以享于帝，立庙❷。

译文

《象辞》说：风从水面吹过，这就是《涣》卦之象。先代君王

"初六"之"吉",顺也。

"涣奔其机",得愿也。

"涣其躬",志在外也。

"涣其群,元吉",光大[3]也。

"王居,无咎",正位[4]也。

"涣其血",远害也。

借以祭祀天帝,建立宗庙。

"初六爻"之所以会"吉祥",是因为顺着水流。

(九二爻)"水流冲刷台阶",正合心中所愿。

(六三爻)"水流冲刷身体",志向还是向外发展。

(六四爻)"水流冲刷众人,大为吉祥",是说冲刷之功就能得到光大了。

(九五爻)"(水流冲刷)王宫,没有灾祸",因为位处中正。

(上九爻)"水流冲走了血污",是要远远避开灾害。

注释 ❶风行水上:《涣》卦下坎上巽,坎代表水,巽代表风。❷先王以享于帝,立庙:"先王"观"风行水上"之象,悟知"散中有聚"之理,故"享帝""立庙",以归系天下人心。❸光大:《来氏易注》:"凡树私党者,皆心之暗昧狭小者也。惟无一毫之私,则光明正大,自能涣其群矣,故曰'光大也'。"❹正位:"九五"阳爻居阳位,得正;又是上卦的中位。

上六
九五
六四
六三
九二
初九

六十 节卦
（下兑上坎）

情性　情柔性柔　情险性悦

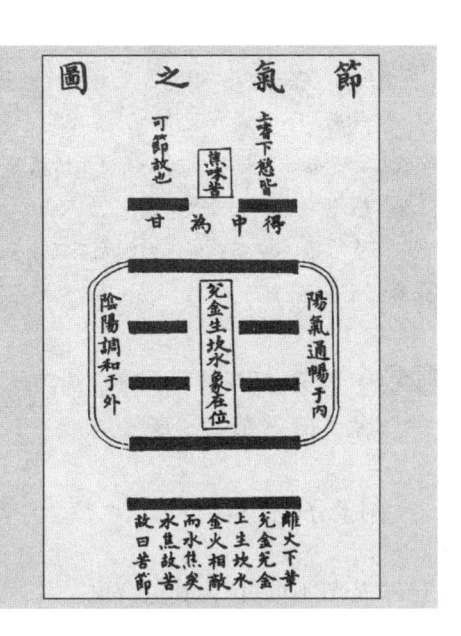

原文

《节》❶：亨，苦节不可贞❷。

初九：不出户庭❸，无咎❹。

九二：不出门庭❺，凶。

六三：不节❻若❼，则嗟❽若，无咎。

六四：安❾节，亨。

九五：甘节，吉，往有尚。

上六：苦节，贞凶，悔亡。

译文

《节》卦象征节制：亨通，但是不可把过分的节制视为正道。

初九爻，不出院门，没有灾祸。

九二爻，不出房门，凶险。

六三爻，不懂节制，于是嗟叹伤悔，没有灾祸。

六四爻，安于节制，亨通。

九五爻，甘于节制，吉祥，前行会得到赞赏。

上六爻，苦苦节制，一直如此，凶险，（将来会为失去了生活的乐趣而）悔恨不已。

注释 ①《节》：卦名。本卦为异卦相叠，下兑（☱）上坎（☵），兑代表泽，坎代表水。水满溢于泽外，务必高筑堤防以约束之，故卦名曰《节》。②苦节不可贞：苦节，苦苦节制，搞得生活很苦。贞，正。③户庭：一户之庭，外院门廊。④咎：灾祸，过失。⑤门庭：正房大门屋檐。⑥节：节度、节制、节俭、节省、节约等。⑦若：语末助词无实义，表示叹息的语气词。⑧嗟（jiē）：叹息。⑨安：平静。

原文

《彖》曰：《节》，"亨"。

刚柔分而刚得中①。

"苦节不可贞"，其道穷也。

说以行险②，当位③以节，中正以通。

天地节而四时成。

节以制度④，不伤财，不害民。

译文

《彖辞》说：《节》卦之象，能够达到"亨通"。

刚柔分明而且阳刚得到了中位。

"不可把过分的节制视为正道"，是说这并非长久之道。

保持乐观走过险路，处于高位奉行节制，持守中正达到亨通。

天地有节，从而形成四季的更替。

国家分节订立制度，就能避免浪费，不伤害百姓。

注释 ①刚柔分而刚得中：上卦坎，为阳卦，代表刚；下卦兑，为阴卦，代表柔。全卦阳爻阴爻各占三个，也是刚柔分。"九二""九五"分居于下卦、上卦的中位，是谓"刚得中"。②说以行险：内卦为兑，代表悦；外卦为坎，代表险。③当位：阳爻居阳位，阴爻居阴位。④节以制度：按节度来制定各种法规。

原文

《象》曰：泽上有水①，《节》。君子以制数度②，议德行。

译文

《象辞》说：大泽涨水，这就是《节》卦之象。君子由此领悟到，应制定各种礼数法度，考量

"不出户庭",知通❸塞也。

"不出门庭,凶",失时极❹也。

"不节"之"嗟",又谁"咎"也!

"安节"之"亨",承上道也。

"甘节"之"吉",居位中也。

"苦节,贞凶",其道穷也。

人们的道德和行为。

（初九爻）"不出院门",是因为已了解到"交通"的堵塞情况。

（九二爻）"不出房门,凶险",是因为丧失时机到了极点。

（六三爻）"不懂节制"从而"嗟叹伤悔",别人怎么再"责怪"他呢？

（六四爻）"安于节制"带来"亨通",是因为顺承尊上之道。

（九五爻）"甘于节制"带来"吉祥",是因为居守中正。

（上六爻）"苦苦节制,一直如此,凶险",因为他的路已走到头了。

注释 ❶泽上有水：《节》卦是下兑上坎,兑代表泽,坎代表水,涨水。水涨时要筑堤坝。❷数度：数,指礼仪的等级；度,指法度,包括法律礼仪。❸通：通道。❹极：偏于一端。

六十一 中孚卦
（下兑上巽）

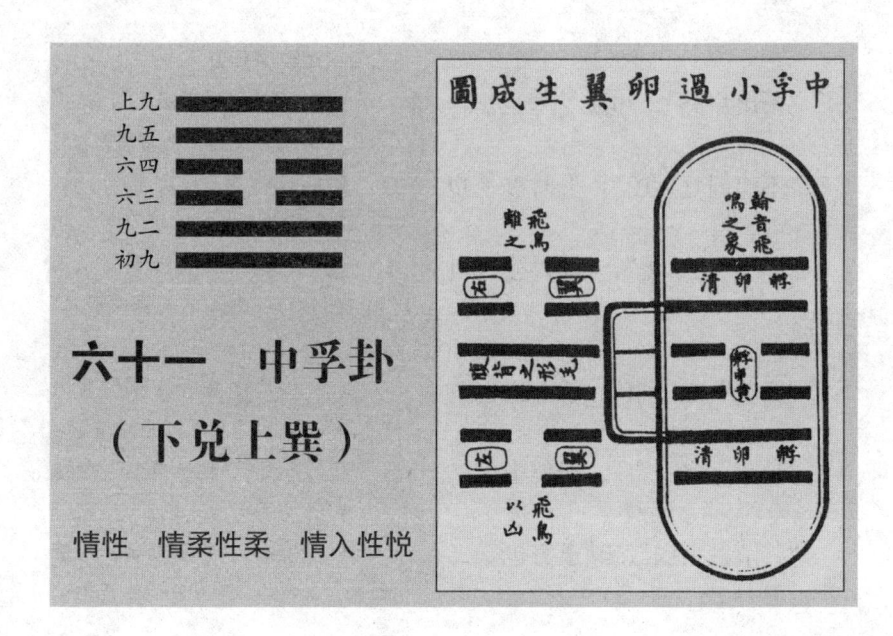

上九
九五
六四
六三
九二
初九

情性　情柔性柔　情入性悦

原文

《中孚》❶：豚鱼吉❷，利涉大川，利贞。

初九：虞❸，吉。有它不燕。

九二：鸣鹤在阴，其子❹和之；我有好爵❺，吾与尔靡之❻。

六三：得敌，或鼓或罢，或泣或歌。

六四：月几望❼，马匹亡，无咎。

译文

《中孚》卦象征信发于中：豚鱼薄祭，也会吉祥，利于越过大江大河，利于坚守正道。

初九爻，神安，吉祥，如有他求，不得安宁。

九二爻，鹤在树荫下鸣唱，它的同伴随声应和。我有一杯美酒，很想与你共饮。

六三爻，俘获了敌人，有的击鼓庆祝，有的疲惫观望，有的热泪盈眶，有的放声歌唱。

六四爻，月亮将缺的时候，马匹失去同伴，没有灾祸。

九五：有孚挛如❽，无咎。

上九：翰❾音登于天，贞凶。

九五爻，诚信合作，没有灾祸。

上九爻，野鸡叫声震天，反复如此，凶险。

注释 ❶《中孚》：卦名。本卦为异卦相叠，下兑（☱）上巽（☴），兑代表泽，巽代表风。泽上有风，风波涌起，君子以诚信为本，施教于下。❷豚（tún）鱼吉：豚，小猪。豚鱼，王引之说："豚鱼者，士庶人之礼也。" ❸虞：驺虞，传说中的兽名，白虎黑纹，尾长于身。引为猜度等，这里可作安乐、安心解。《公羊传·文公二年》何休注："虞，犹安神也。" ❹子：对对方的称呼，这里指鸣鹤的配偶。❺好爵：爵，古代的高级雀形酒杯，这里泛指美酒。❻靡之：靡，共同。靡之，这里作共同享用讲。❼月几望：几，帛《易》作"既"。望，旺，月圆。过了十五。❽挛（luán）如：挛，本义是手指紧紧地弯曲，这里是紧密地、亲密地联结在一起的意思。如，语气助词。❾翰：锦鸡。又《礼记·曲礼》："鸡曰翰音。"古人认为鸡飞狗跳，预示凶险。现代地震将发，也有这种现象。

原文

《象》曰：《中孚》，柔在内而刚得中❶。说而巽❷，孚乃化邦❸也。

"豚鱼吉"，信及豚鱼也。

"利涉大川"，乘木舟虚也。

"中孚"以"利贞"，乃应乎天也。

译文

《象辞》说：《中孚》之象，柔顺在内，阳刚得中。喜悦而且和顺，从而教化整个国家。

"豚鱼薄祭，也会吉祥"，是说豚鱼也可表达诚信。

"利于越过大江大河"，是说船的中心必须"虚"才能载人。

"信发于中"就能"利于坚守正道"，这是应合了天道。

注释 ❶柔在内而刚得中：内卦兑为阴卦，上下两个卦之间又是两个阴爻，都是"柔在内"。"九二""九五"两爻，分别处于下卦、上卦的中位，是为"刚得中"。❷ 说而巽：《中孚》卦下卦为兑，代表悦；上卦为巽，代表逊。❸ 孚乃化邦：孚，诚信。化，教化。邦，国。

原文

《象》曰：泽上有风❶，《中孚》。君子以议狱❷缓死。

"初九，虞吉"，志未变也。

"其子和之"，中心愿也。

"或鼓或罢"，位不当也❸。

"马匹亡"，绝类上也。

"有孚挛如"，位正当也。

"翰音登于天"，何可长也？

译文

《象辞》说：泽上有风吹过，这就是《中孚》卦之象。君子由此领悟到，应全面评估案件，宽缓死刑。

"初九爻，神安，吉祥"，是指其志向坚定。

（九二爻）"它的同伴随声应和"，这正是发自内心的愿望。

（六三爻）"有的击鼓庆祝，有的疲惫观望"，此时没有人注意姿势摆放。

（六四爻）"马匹失去同伴"，是说应杜绝上述类似事件再次发生。

（九五爻）"诚信合作"，所处的位置非常恰当。

（上九爻）"野鸡叫声震天"，怎么能长久呢？

注释　❶ 泽上有风：《中孚》卦下兑上巽，兑代表泽，巽代表风。❷ 议狱：议，审议，评估。狱，刑狱诉讼案件。❸ 位不当也："六三"阴爻而居阳位。

六十二 小过卦
（下艮上震）

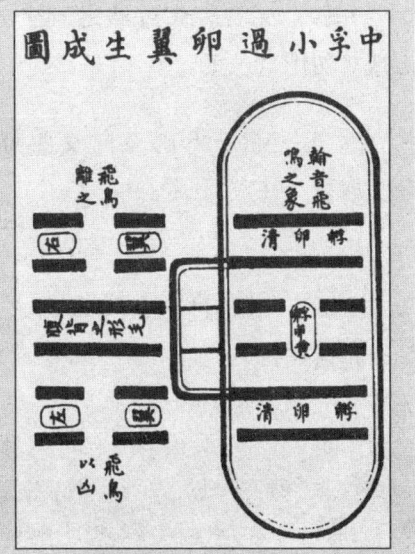

上六
六五
九四
九三
六二
初六

情性　情刚性刚　情动性止

原文

《小过》❶：亨，利贞。可小事，不可大事。

飞鸟遗❷之音，不宜上，宜下，大吉。

初六：飞鸟以凶。

六二：过其祖❸，遇其妣❹；不及❺其君，遇其臣，无咎。

九三：弗过❻防之，从或戕之❼，凶。

译文

《小过》卦象征稍稍超过：亨通，利于守持正道。只适用于小事，不适合大事。

（雷雨中）飞鸟留下叫声，（提醒人们）不宜处上，宜处下，大为吉祥。

初六爻，（雷雨中）飞鸟掠过天空，有凶险。

六二爻，错过祖父，遇见祖母；没赶上君王，遇见大臣，没有过错。

九三爻，事情过分以前，就要采取措施防止，如果听任发展，后果就是伤害，凶险。

下经　小过卦

九四：无咎。弗过遇之，往厉必戒。勿用，永贞。

六五：密云不雨，自我西郊；公弋取彼，在穴。

上六：弗遇过之，飞鸟离之，凶，是谓灾眚。

九四爻，没有过错。相遇时不要急着超过，前行过猛，必须小心。不用着急，应永守正道。

六五爻，乌云密布，尚未下雨，慢慢从我们城市的西郊飘过来；王公搭箭射鸟，箭落在了洞中（太性急了）。

上六爻，还没有相遇就急着超过，就像飞鸟离群，凶险，这就是缺乏眼光导致的灾祸。

注释 ❶《小过》：卦名。本卦为异卦相叠，下艮（☶）上震（☳），艮代表山，震代表雷。山上打雷，不可不慎。过，《说文》："度也。"兼有超过、经过、过度等含义。上面有雷，要超过也只能是稍稍超过，故卦名曰《小过》。❷遗（wèi）：留下。❸过其祖：过，错过。祖，祖父。❹遇其妣（bǐ）：遇，赶上。妣，祖母。❺不及：没有赶上。❻弗过：不过分、过度。❼从或戕（qiāng）之：从，通"纵"，放纵、听任。戕，伤害、杀害。

原文

《彖》曰：《小过》，小者过❶而"亨"也。

过以"利贞"，与时行也❷。

柔得中❸，是以"小事"吉也。

刚失位而不中❹，是以"不可大事"也。

译文

《彖辞》说：《小过》卦之象，只稍稍超过一点，因而"亨通"。

超过之行为"利于守持正道"，就在于选择恰当的时机行动。

柔顺得到中正，所以能够"小事"吉祥。

阳刚没有得到中位，所以"不适合大事"。

有飞鸟之象焉，"飞鸟遗之音，不宜上，宜下，大吉"，上逆而下顺也。

飞鸟之象显示的是，"飞鸟留下叫声，不宜处上，宜处下，大为吉祥"，因为往上是迎着雷而去，往下则可以避开。

注释 ❶ 小者过：稍稍超过一点。❷ 与时行：按最恰当的时机行事。❸ 柔得中："六二""六五"分居下、上卦之中位，"六二"还得正。❹ 刚失位而不中："九四"阳爻居阴位，而且又不居中。"九三"也没有居中。

原文

《象》曰：山上有雷，《小过》。

君子以行过乎恭，丧过乎哀，用过乎俭。

"飞鸟以凶"，不可如何也。

"不及其君"，臣不可过也。

"从或戕之"，"凶"如何也。

"弗过遇之"，位不当也；"往厉必戒"，终不可长也。

"密云不雨"，已上也。

"弗遇过之"，已亢也。

译文

《象辞》说：山上响起雷声，这就是《小过》卦之象。

君子由此领悟到，行为要多一点恭谨，治丧多一点哀伤，财用多一点节俭。

（初六爻）"飞鸟掠过天空，有凶险"，但也没有别的办法。

（六二爻）"没赶上君王"，是因为臣下不宜超过君王。

（九三爻）"如果听任发展，后果就是伤害"，"凶险"就不可避免了。

（九四爻）"相遇时不要急着超过"，因为位置没有摆正；"前行过猛，必须小心"，因为（"猛"）终究不能长久。

（六五爻）"乌云密布，尚未下雨"，是因为（云）已经升得很高。

（上六爻）"还没有相遇就急着超过"，是说已经亢奋异常了。

下经　小过卦

上六
九五
六四
九三
六二
初九

六十三 既济卦
（下离上坎）

情性　情刚性柔　情险性明

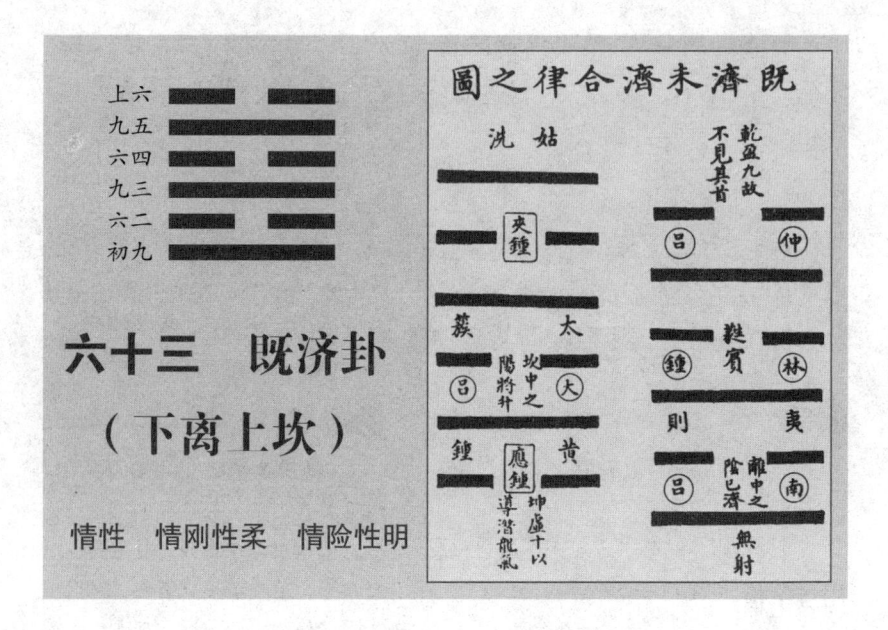

原文

《既济》❶：亨小，利贞。初吉终乱。

初九：曳其轮，濡其尾❷，无咎。

六二：妇丧其茀❸，勿逐，七日得。

九三：高宗伐鬼方❹，三年克之；小人勿用。

六四：繻❺有衣袽❻，终日戒。

九五：东邻杀牛，不如西邻之禴祭，实受其福。

译文

《既济》卦象征目的达到：只有部分亨通，利于坚守正道。开始吉利，结局乱作一团。

初九爻，拖拽车轮，打湿了后摆也无碍，没有灾害。

六二爻，妇女丢了饰品，不必寻找，七日之内自会复得。

九三爻，殷高宗讨伐鬼方之国，三年才得胜；小人不用。

六四爻，华美之衣将变成破布，整天都要戒备。

九五爻，东邻杀牛厚祭，不如西邻薄祭，实实在在得到神灵福佑。

上六：濡其首，厉。

上六爻，浸湿头部，危险。

注释 ❶《既济》：卦名。本卦为异卦相叠，下离（☲）上坎（☵），坎代表水，离代表火。水处火上，水势压倒火势，救火之事，能够成功，所以卦名曰《既济》。❷尾：衣后之假尾，周代的人常以假尾为饰。❸丧其茀（fú）：茀，通"髴"，妇女头上的首饰，如头巾等。一说车门帘。❹高宗伐鬼方：殷高宗，名武丁，殷代最著名的帝王之一。鬼方，猃狁部落之一，北方少数民族名。殷代边境少数民族多建方国。根据在河南殷都废墟出土的卜辞考察，高宗时代曾经与苦方、土方等国发生战争，也有说鬼方就是苦方的。另一说是后来的匈奴。以前高宗讨伐鬼方，经过三年的苦战，才得以战胜，但对有战功的小人，只给以重赏，而不予重用。❺繻（rú）：彩色的丝帛。❻袽（rú）：败絮、破衣。

原文

《象》曰：《既济》，"亨"，小者亨也。

"利贞"，刚柔正而位当也❶。

"初吉"，柔得中也❷。

"终"止则"乱"，其道穷也❸。

译文

《象辞》说：《既济》之象，"亨通"，但只有部分亨通。

"利于坚守正道"，是因为刚柔皆处在适当的正位。

"开始吉利"，是因为阴柔得到了中位。

"结局"完成就"乱作一团"，是因为没有了新的方向。

注释 ❶刚柔正而位当也：《既济》卦上卦为坎，坎为阳卦，代表刚；下卦为离，离为阴卦，代表柔。刚上柔下是"刚柔正"。"初九""九三""九五"均为阳爻，居于阳位；"六二""六四""上六"均为阴爻，居于阴位，是"位当"。❷柔得中也："六二"处下卦中位。❸其道穷也：一个目标达成了，下面怎么办，不知道。

原文

《象》曰：水在火上❶，《既济》。君子以思患❷而豫❸防之。

"曳其轮"，义"无咎"也❹。

"七日得"，以中道也❺。

"三年克之"，惫也。

"终日戒"，有所疑也。

"东邻杀牛，不如西邻"之时也；"实受其福"，吉大来也。

"濡其首，厉"，何可久也？

译文

《象辞》说：水在火上浇，这就是《既济》卦之象。君子由此领悟到，应经常想一想可能出现的隐患，事先加以预防。

（初九爻）"提着腰带"，道理上本来就是"没有灾害"（总不能脱下衣服）。

（六二爻）"七日之内自会复得"，是因为持守中道。

（九三爻）"三年才得胜"，说明仗打得非常辛苦。

（六四爻）"整天都要戒备"，是因为有其他担心。

（九五爻）"东邻杀牛厚祭，不如西邻薄祭"，主要在于时机的掌握；"实实在在得到神灵福佑"，是说吉祥的好运不断来到。

（上六爻）"浸湿头部，危险"，是说（头埋在水中）怎么可能长久呢？

注释 ❶水在火上：《既济》卦下离上坎，离代表火，坎代表水。❷患：灾难。❸豫：通"预"，预备、防预。❹义"无咎"：义，理应。没有女人脱衣服过河的道理，打湿一点不要紧。❺以中道也："六二"得中得正。

```
上九 ▬▬▬▬▬
六五 ▬▬ ▬▬
九四 ▬▬▬▬▬
六三 ▬▬ ▬▬
九二 ▬▬▬▬▬
初六 ▬▬ ▬▬
```

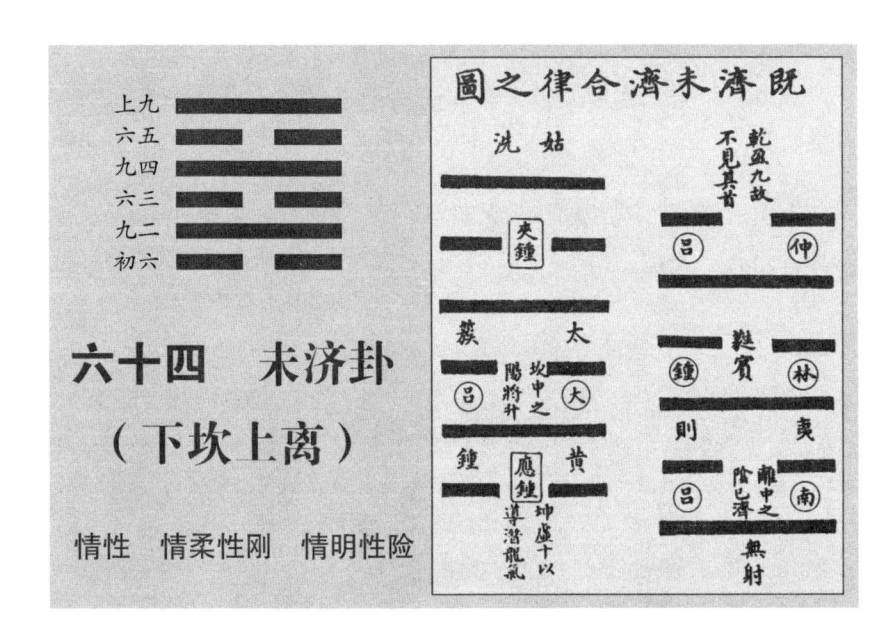

六十四　未济卦
（下坎上离）

情性　情柔性刚　情明性险

原文

《未济》❶：亨。小狐汔济❷，濡❸其尾，无攸利。

初六：濡其尾，吝❹。

九二：曳其轮❺，贞吉。

六三：未济，征凶。利涉大川。

九四：贞吉，悔亡。震用伐鬼方，三年有赏于大国。

译文

《未济》卦象征目的没有达到：亨通。（可爱的）小狐狸渡过极浅的河流，尾巴却还是打湿了，无所利（多难看呀）。

初六爻，打湿尾部，会有麻烦。

九二爻，拖拉车轮阻碍前行，坚持正道，可获大吉。

六三爻，目的没有达到，前往征讨，凶险；但利于越过大江大河（先做好准备）。

九四爻，坚持正道，吉祥，懊悔消失。以雷霆之势讨伐鬼方小国，三年才降伏他们，年年朝六五：贞吉，无悔。君子之光，有孚，吉。

上九：有孚，于饮酒，无咎。濡其首，有孚失是。

贡我们大国并得到赏赐。

六五爻，坚持正道，吉祥，没有懊悔。君子的光辉，在于怀有诚信，吉祥。

上九爻，饮酒也讲诚信，没有灾祸。如果弄得头都被酒打湿了，诚信就会在这里失去。

注释 ❶《未济》：卦名。本卦为异卦相叠，下坎（☵）上离（☲），坎代表水，离代表火。火处水上，火势压倒水势，救火之事，不能成功，所以卦名曰《未济》。❷小狐汔（qì）济：小狐，自我欣赏或被同类欣赏的母狐。汔，《说文》："水涸也。"济，过河。❸濡：沾湿。❹吝：困难，麻烦。❺曳其轮：尚未出险，谨慎而不要轻进，故有"曳轮"之象。

原文

《象》曰：《未济》，"亨"，柔得中也❶。

"小狐汔济"，未出中也❷。

"濡其尾，无攸利"，不续终也。

虽不当位，刚柔应也。

译文

《象辞》说：《未济》之象，"亨通"，是因为阴柔得到了中位。

"小狐狸渡过极浅的河流"，是说它考虑问题不是出于中道。

"尾巴打湿了，无所利"，是说它坚持不到终局。

虽然所处的位置不恰当，刚柔倒还能互相呼应。

注释 ❶柔得中也："六五"居上卦中位。❷未出中也：出，出于。小狐过河，首先考虑的是保证毛色的鲜亮而不是安全，也就失去了中道。

原文

《象》曰：火在水上❶，《未济》。君子以慎辨物居方❷。

"濡其尾"，亦不知极也。

"九二，贞吉"，中以行正也。

"未济，征凶"，位不当也。

"贞吉，悔亡"，志行也。

"君子之光"，其晖"吉"也。

"饮酒，濡首"，亦不知节也。

译文

《象辞》说：火燃烧在水上面，是《未济》卦之象。君子由此悟到，应慎重分辨事物，使它们各得其所。

（初六爻）"打湿尾部"，是说它不知道自己到底要往哪个方向。

"九二爻，一直这样，吉祥"，是说居中以后还想行正。

（六三爻）"目的没达到，前往征讨，凶险"，是因为位置没摆正。

（九四爻）"坚持正道，吉祥，懊悔消失"，是因为理想正在实现。

（六五爻）"君子的光辉"，是说它像阳光一样带来"吉祥"。

（上九爻）"饮酒弄得满头都是"，这样也太不懂节制了。

注释 ❶火在水上：《未济》卦是下坎上离，坎代表水，离代表火。❷居方：处于各自适合的地方。方，方位、位置。

后　记

　　易经是中华传统文化的瑰宝，被誉为"群经之首，智慧之源"，可见其在我国文化中的崇高地位和珍贵价值。

　　易经是一门较为高深且极为精妙的学问，阅读理解和学习起来有相当的难度，为了更好地传承这一优秀文化，使广大读者能够更容易读得通，读得懂，编者查阅了诸多古今文献资料，也与有关专家进行了多次研讨，最终拟定方案，编写了这本《同步译注图文版易经》。

　　本书采用了同步译注的版式进行排版，经典的原文在页面的左侧，译文在页面的右侧，注解则紧随置于下方，如此，阅读时便可直接对照原文和译文，进行系统而连贯的阅读，不用再前后反复查找译文，使读者能够轻松阅读，直击经典内核。同时本书从珍贵的古籍中精选了相关的易学知识图片插入文中，进一步增强了本书的文献价值和可读性。本书有关的译注参考了古籍《易学六十四卦启蒙》《周易集解》《周易正义》《周易本义》《说文解字》《周易程氏传》《来氏易经》和2023年出版的《经典常谈全集》等；有关易学图片则引用自古籍《易数钩稳图》《易图通变》《大易象数钩深图》，由于年代久远，一些原图较为模糊，我们在尽量保持原作的基础上对原图进行了一定的修复处理，使这些珍贵的易学古图能更好地呈现给广大读者。

　　希望本书能为大家读研易经，探究易学带来一些帮助。由于时间仓促且易学博大精深，本书难免存在不足，编者恳请广大读者能够给予批评指正。